”مَعْرِفَةُ الْقُرْاٰن علٰی کنزِالعرفان“ سے متعلق کچھ ضروری باتیں

مَعْرِفَةُ الْقُرْاٰن دورِ جدید کے تقاضوں کے عین مطابق قرآنِ مجید کا آسان اور منفرد لفظی ترجمہ ہے، یہاں اس سے متعلق چند فنی باتیں اور اس کی خصوصیات ملاحظہ ہوں،

1 قرآنِ مجید کا متن P.D.F فارمیٹ میں موجود مکتبۃ المدینہ کے مطبوعہ نسخے سے پیسٹ کیا گیا اور پیسٹنگ کے بعد دو مرتبہ اصل نسخے سے باریک بینی کے ساتھ تقابل کیا گیا ہے تاکہ حتَّی المقدور متن میں غلطی کا امکان نہ رہے۔ نیز ایک لائن میں اتنا متن پیسٹ کیا گیا ہے جتنے نیچے اجزاء مذکور ہیں اور لائن کے شروع اور آخر سے فاصلہ ختم کرنے کے لئے کمپیوٹر سافٹ ویئر کے ذریعے متنِ قرآن کے ٹیکسٹ کو مناسب حد تک پھیلا کر لائن کا شروع اور آخر برابر کیا گیا ہے۔

2 مختلف خانے بنا کر ان میں آیات کے اجزاء لکھے گئے اور ان کے رَسمُ الْخَط کو حتَّی الامکان متنِ قرآن کے رَسمُ الْخَط کے مطابق رکھنے کے لئے ”اَلْمُصْحَف“ فاؤنٹ استعمال کیا گیا ہے۔

3 قرآنِ مجید کا اصل رَسمُ الْخَط برقرار رکھنے کے لئے اجزاء میں تقسیم کے دوران الفاظ کے ساتھ متصل حروف اور ضمائر وغیرہ کو جدا لکھنے کی بجائے ایک ساتھ لکھا ہے اور مختلف رنگوں کے ذریعے انہیں اور ان کا ترجمہ ممتاز کر دیا ہے، جیسے ”مِمَّا“ میں ”مِنْ“ اور ”مَا“ کو اور ”اَنْفُسَهُمْ“ میں ”اَنْفُس“ اور ”هُمْ“ کو الگ الگ لکھنے کی بجائے ایک ساتھ لکھا اور رنگوں کے ذریعے ان الفاظ اور ان کے ترجمے میں امتیاز کر دیا ہے۔

4 بعض مقامات پر معنیٰ سمجھنے میں آسانی کے پیشِ نظر غیر متصل حروف و الفاظ اور اضافت سے خالی الفاظ کو بھی ایک ہی خانے میں لکھا گیا اور رنگوں کے ذریعے ان کے معانی میں امتیاز کیا گیا ہے۔ جیسے ”فِی الْاَرْضِ“ کو ایک ہی خانے میں لکھا ہے۔

5 صیغہ خواہ منفی ہو جیسے ”لَمْ تُنْذِرْ“ اور ”لَا یَعْلَمُوْنَ“ اور ”لَنْ تَفْعَلُوْا“ یا دوسرا جیسے ”كُنْتُمْ تَكْتُمُوْنَ“ مکمل صیغہ ایک ہی خانے میں لکھا ہے اسی طرح بعض مقامات پر پورا جملہ جیسے ”فَتَابَ عَلَیْهِ“ بھی ایک ہی خانے میں لکھا ہے تاکہ آیت کا اصل مرادی ترجمہ لکھنے میں آسانی رہے۔

6 ترجمے میں سلاست (روانی) کو برقرار رکھنے اور عربی الفاظ کے مفہوم کو مزید واضح کرنے کے لئے اضافت والے الفاظ جیسے ”كَلٰمَ اللّٰهِ“ کو ایک ہی خانے میں لکھا گیا اور رنگوں کے ذریعے ان کے ترجمے کی نشاندہی کر دی گئی ہے۔

7 حروف و الفاظ کا اصل وضع کے اعتبار سے جو ترجمہ بنتا ہے اسے لکھنے کا التزام کیا گیا اور ان کا مرادی اور مفہومی ترجمہ بریکٹ میں لکھ دیا ہے جیسے ”وَاَنْتُمْ تَعْلَمُوْنَ“ میں مذکور ”وَ“ حالیہ ہے، اس کا ترجمہ یوں لکھا ہے ”اور

اشاعت: محرم الحرام ۱۴۴۷ھ، جولائی 2025ء تعداد: 3000 (تین ہزار)

(حالانکہ)" البتہ بعض مقامات پر لغوی ترجمہ لکھنے میں شرعی مسائل ہونے کی وجہ سے تاویلی ترجمہ لکھا ہے اور حتّی الامکان حاشیہ لگا کر ایسے مقامات کی وضاحت کر دی ہے۔

8 جن حروفِ زائدہ کا باقاعدہ کوئی ترجمہ نہیں بنتا انہیں کوئی رنگ کئے بغیر اسی طرح برقرار رکھا ہے جیسے "بِمُؤْمِنِیْنَ" میں حرف "ب" اور "مُؤْمِنِیْنَ" کو ایک ہی رنگ میں لکھا ہے۔

9 لفظی ترجمے کے ساتھ ایک بامحاورہ ترجمے کا بھی اضافہ کیا گیا ہے اور یہ ترجمہ تفسیر "صِرَاطُ الْجِنَان فِی تَفْسِیْرِ الْقُرْاٰن" میں چھپا ہوا "کَنْزُ الْعِرْفَان فِی تَرْجَمَۃِ الْقُرْاٰن" لکھا گیا ہے۔

10 سمجھنے میں آسانی کے لئے موقع محل کی مناسبت سے بریکٹوں میں الفاظ کا اضافہ کیا گیا اور ان کا رنگ سیاہ رکھا گیا ہے۔ نیز اجزاء میں جہاں آیت ختم ہوئی یونہی بامحاورہ ترجمے میں جہاں ایک آیت کا ترجمہ ختم ہوا وہاں اختتامیہ نشان ○ بھی ڈال دیا ہے۔

11 قرآن پاک میں بعض اوقات ایک آیت میں مختلف چیزیں بیان ہوتی ہیں اور بعض اوقات دو تین آیات کے بعد نئی بات شروع ہو جاتی ہے، فہمِ قرآن یعنی قرآن سمجھنے میں آسانی کیلئے ہم نے ہر ایسی جگہ پر نیا عنوان لگا دیا ہے جس کا فائدہ یہ ہے کہ اس نئے عنوان کو پڑھنے کے بعد وہاں سے شروع ہونے والی آیات کو بڑی آسانی سے سمجھا جاسکے گا کیونکہ پہلے سے معلوم ہو جائے گا کہ اب اس مضمون کی آیات آرہی ہیں۔

12 عنوانات صفحے کی سائیڈ میں لکھے ہیں اور جن آیات میں وہ عنوان بیان ہوا ہے انہیں اور ان کے بامحاورہ ترجمے کو مختلف رنگوں کے ذریعے ممتاز کیا ہے تاکہ قاری بآسانی سمجھ سکے کہ اس عنوان کا مضمون کہاں سے کہاں تک ہے، نیز موقع کی مناسبت سے تفسیر صراط الجنان اور دیگر معتبر تفاسیر سے مختصر اور جامع حواشی بھی لگائے گئے ہیں۔

13 حروف و الفاظ کے معنٰی متعین کرنے کے لئے چار رنگوں کا استعمال کیا گیا ہے، سبز، سرخ، نیلا اور جامنی۔ پہلے تین رنگ مختلف حروف و الفاظ کے لئے استعمال کئے گئے ہیں اور جامنی رنگ بطورِ خاص لفظی ترجمے میں آنے والے اضافی الفاظ کے لئے استعمال کیا گیا ہے تاکہ قاری آسانی کے ساتھ یہ سمجھ سکے کہ جامنی رنگ والے الفاظ کسی خاص لفظ کا ترجمہ نہیں ہیں۔ جیسے "بِهٰذَا مَثَلًا" اور اس کا ترجمہ "اس مثال کے ساتھ"

اللہ تعالیٰ اس کوشش کو اپنی بارگاہ میں قبول فرمائے اور اسے میری، میرے اہلِ خانہ، رشتہ داروں، دوست احباب اور دیگر متعلقین کی نجات کا ذریعہ بنائے اور جن جن احباب نے اس کام کے سلسلے میں تعاون کیا ان کی کوششوں کو بھی قبول و منظور فرمائے اور سب کی بے حساب مغفرت فرمائے۔

اَبُو الصَّالِح مُحَمَّد قَاسِم قَادِری

لَنۡ تَنَالُوا الۡبِرَّ حَتّٰى تُنۡفِقُوۡا مِمَّا

لَنۡ تَنَالُوا	الۡبِرَّ (1)	حَتّٰى	تُنۡفِقُوۡا	مِمَّا
تم ہرگز نہ پاسکو گے	بھلائی، نیکی (کو)	یہاں تک کہ	خرچ کرو	(اس میں) سے جو

تم ہرگز بھلائی کو نہیں پاسکو گے جب تک راہِ خدا میں اپنی پیاری چیز

تُحِبُّوۡنَ ؕ۬ وَمَا تُنۡفِقُوۡا مِنۡ شَىۡءٍ فَاِنَّ اللّٰهَ بِهٖ

تُحِبُّوۡنَ	وَ	مَا	تُنۡفِقُوۡا	مِنۡ	شَىۡءٍ	فَاِنَّ	اللّٰهَ	بِهٖ
تم پسند کرتے ہو	اور	جو	تم خرچ کرتے ہو	سے	کسی چیز	تو بیشک	اللہ	اس کو

خرچ نہ کرو اور تم جو کچھ خرچ کرتے ہو اللہ اسے

عَلِيۡمٌ ﴿۹۲﴾ كُلُّ الطَّعَامِ كَانَ حِلًّا لِّبَنِىۡۤ اِسۡرَآءِيۡلَ اِلَّا مَا حَرَّمَ

عَلِيۡمٌ ﴿۹۲﴾	كُلُّ الطَّعَامِ	كَانَ	حِلًّا	لِّبَنِىۡۤ اِسۡرَآءِيۡلَ	اِلَّا	مَا	حَرَّمَ
جاننے والا	تمام کھانے	تھے	حلال	بنی اسرائیل، اولادِ یعقوب کے لئے	مگر	وہ جو	حرام کرلیا

جانتا ہے ○ تمام کھانے بنی اسرائیل کے لئے حلال تھے سوائے ان کھانوں کے جو

اِسۡرَآءِيۡلُ عَلٰى نَفۡسِهٖ مِنۡ قَبۡلِ اَنۡ تُنَزَّلَ التَّوۡرٰىةُ ؕ

اِسۡرَآءِيۡلُ	عَلٰى	نَفۡسِهٖ	مِنۡ	قَبۡلِ	اَنۡ	تُنَزَّلَ	التَّوۡرٰىةُ
یعقوب (نے)	پر	اپنی جان، ذات	سے	پہلے	کہ	نازل کی جائے، اتاری جائے	تورات

یعقوب نے تورات نازل کئے جانے سے پہلے اپنے اوپر حرام کرلئے تھے۔

قُلۡ فَاۡتُوۡا بِالتَّوۡرٰىةِ فَاتۡلُوۡهَاۤ اِنۡ كُنۡتُمۡ صٰدِقِيۡنَ ﴿۹۳﴾ فَمَنِ

قُلۡ	فَاۡتُوۡا	بِالتَّوۡرٰىةِ (2)	فَاتۡلُوۡهَاۤ	اِنۡ	كُنۡتُمۡ	صٰدِقِيۡنَ ﴿۹۳﴾	فَمَنِ
تم کہو	تو آؤ	تورات کے ساتھ	پھر پڑھو اسے	اگر	تم ہو	سچ بولنے والے	پھر جو

تم فرماؤ، تورات لاؤ اور اسے پڑھو اگر تم سچے ہو ○ پھر

عنوان

- راہِ خدا میں پسندیدہ مال خرچ کرنے کی ترغیب
- بعض کھانوں کے حرام ہونے پر یہودیوں کے جھوٹے دعوے کا رد
- اللہ تعالیٰ پر جھوٹ باندھنے والے ظالم ہیں

1 ...... اس آیت میں بھلائی سے مراد تقویٰ اور فرمانبرداری ہے جبکہ خرچ کرنے میں واجب اور نفلی تمام صدقات داخل ہیں۔

2 ...... اس سے معلوم ہوا کہ حضور سیِّدُ المرسلین صَلَّی اللّٰہُ تَعَالٰی عَلَیْہِ وَاٰلِہٖ وَسَلَّم کا علم شریف اللہ تعالیٰ کی خاص عطا سے ہے کہ آپ صَلَّی اللّٰہُ تَعَالٰی عَلَیْہِ وَاٰلِہٖ وَسَلَّم تورات و انجیل سے خبردار ہیں۔

افۡتَرٰی عَلَی اللّٰہِ الۡکَذِبَ مِنۡۢ بَعۡدِ ذٰلِکَ فَاُولٰٓئِکَ ہُمُ

افۡتَرٰی (1)	عَلَی	اللّٰہِ	الۡکَذِبَ	مِنۡۢ	بَعۡدِ	ذٰلِکَ	فَاُولٰٓئِکَ	ہُمُ
بہتان تراشے	پر	اللہ	جھوٹا	سے	بعد	اس کے	تو یہ لوگ	وہ

اس کے بعد بھی جو اللہ پر جھوٹ باندھے تو وہی لوگ

الظّٰلِمُوۡنَ ﴿۹۴﴾ قُلۡ صَدَقَ اللّٰہُ ۟ فَاتَّبِعُوۡا مِلَّۃَ اِبۡرٰہِیۡمَ

الظّٰلِمُوۡنَ ﴿۹۴﴾	قُلۡ	صَدَقَ	اللّٰہُ	فَاتَّبِعُوۡا	مِلَّۃَ اِبۡرٰہِیۡمَ (2)
ظلم کرنے والے	تم کہو	سچ فرمایا	اللہ (نے)	تو تم پیروی کرو	ابراہیم کے دین (کی)

ظالم ہیں ○ اے محبوب! تم فرماؤ، اللہ نے سچ فرمایا لہٰذا تم ابراہیم کے دین پر چلو

حَنِیۡفًا ؕ وَ مَا کَانَ مِنَ الۡمُشۡرِکِیۡنَ ﴿۹۵﴾ اِنَّ

حَنِیۡفًا	وَ	مَا کَانَ	مِنَ	الۡمُشۡرِکِیۡنَ ﴿۹۵﴾	اِنَّ
ہر باطل سے جدا	اور	نہیں تھے	سے	شرک کرنے والوں	بیشک

جو ہر باطل سے جدا تھے اور وہ مشرکوں میں سے نہ تھے ○ بیشک

اَوَّلَ بَیۡتٍ وُّضِعَ لِلنَّاسِ لَلَّذِیۡ بِبَکَّۃَ مُبٰرَکًا

اَوَّلَ بَیۡتٍ	وُّضِعَ	لِلنَّاسِ	لَلَّذِیۡ	بِبَکَّۃَ	مُبٰرَکًا
پہلا گھر	بنایا گیا	لوگوں کے لئے	ضرور (وہ ہے) جو	مکہ میں (ہے)	برکت والا

سب سے پہلا گھر جو لوگوں کی عبادت کے لئے بنایا گیا وہ ہے جو مکہ میں ہے برکت والا ہے

وَّ ہُدًی لِّلۡعٰلَمِیۡنَ ﴿۹۶﴾ فِیۡہِ اٰیٰتٌۢ بَیِّنٰتٌ

وَّ	ہُدًی	لِّلۡعٰلَمِیۡنَ ﴿۹۶﴾	فِیۡہِ	اٰیٰتٌۢ	بَیِّنٰتٌ
اور	ہدایت، رہنما	تمام جہانوں کے لئے	اس میں	نشانیاں	روشن

اور سارے جہان والوں کے لئے ہدایت ہے ○ اس میں کھلی نشانیاں ہیں،

عنوان: دینِ ابراہیمی کی پیروی کا حکم | خانہ کعبہ کی خصوصیات

(1) ..... اس آیت سے یہ بھی معلوم ہوا کہ علم کے باوجود گناہ کرنا زیادہ سخت ہے نیز حلال کو اپنی طرف سے بلا دلیل حرام کہنا اللہ تعالیٰ پر افتراء کرنا ہے۔

(2) ..... اس آیت میں دینِ ابراہیمی کی پیروی کا حکم دیا۔ اس سے مراد یہ ہے کہ دینِ محمدی کی پیروی کرو کیونکہ اس کی پیروی ملتِ ابراہیمی کی پیروی ہے، دینِ محمدی اُس ملت کو اپنے اندر لئے ہوئے ہے۔

مَّقَامُ اِبْرٰهِیْمَ ۚ۬ وَ مَنْ دَخَلَهٗ كَانَ اٰمِنًا ؕ وَ

مَّقَامُ اِبْرٰهِیْمَ (1)	وَ	مَنْ	دَخَلَهٗ	كَانَ	اٰمِنًا	وَ
ابراہیم کے کھڑے ہونے کی جگہ	اور	جو	داخل ہوا اس میں	وہ ہو گیا	امن والا	اور

ابراہیم کے کھڑے ہونے کی جگہ ہے اور جو اس میں داخل ہوا امن والا ہو گیا اور

لِلّٰهِ عَلَى النَّاسِ حِجُّ الْبَیْتِ مَنِ

لِلّٰهِ	عَلَى النَّاسِ	حِجُّ الْبَیْتِ	مَنِ
اللہ کے لئے	لوگوں پر (فرض ہے)	گھر (خانہ کعبہ) کا حج کرنا	(یہ اس پر فرض ہے) جو

اللہ کے لئے لوگوں پر اس گھر کا حج کرنا فرض ہے جو

اسْتَطَاعَ اِلَیْهِ سَبِیْلًا ؕ وَ مَنْ كَفَرَ فَاِنَّ اللّٰهَ

اسْتَطَاعَ	اِلَیْهِ	سَبِیْلًا	وَ	مَنْ	كَفَرَ	فَاِنَّ	اللّٰهَ
طاقت رکھتا ہو	اس کی طرف	راستے (کی)	اور	جو	کفر کرے	تو بیشک	اللہ

اس تک پہنچنے کی طاقت رکھتا ہے اور جو انکار کرے تو اللہ

غَنِیٌّ عَنِ الْعٰلَمِیْنَ ﴿۹۷﴾ قُلْ یٰۤاَهْلَ الْكِتٰبِ لِمَ تَكْفُرُوْنَ

غَنِیٌّ	عَنِ	الْعٰلَمِیْنَ ﴿۹۷﴾	قُلْ	یٰۤاَهْلَ الْكِتٰبِ	لِمَ	تَكْفُرُوْنَ
بے پرواہ، بے نیاز	سے	تمام جہانوں	تم کہو	اے اہلِ کتاب	کیوں	انکار کرتے ہو

سارے جہان سے بے پرواہ ہے ○ تم فرماؤ: اے اہلِ کتاب! تم اللہ کی آیتوں کا انکار کیوں

بِاٰیٰتِ اللّٰهِ ۖۗ وَ اللّٰهُ شَهِیْدٌ عَلٰى مَا تَعْمَلُوْنَ ﴿۹۸﴾ قُلْ

بِاٰیٰتِ اللّٰهِ (2)	وَ	اللّٰهُ	شَهِیْدٌ	عَلٰى	مَا	تَعْمَلُوْنَ ﴿۹۸﴾	قُلْ
اللہ کی آیتوں کا	اور (حالانکہ)	اللہ	گواہ (ہے)	(اس) پر	جو	تم کرتے ہو	تم کہو

کرتے ہو حالانکہ اللہ تمہارے اعمال پر گواہ ہے؟ ○ تم فرماؤ:

عنوان

- حج کی فرضیت اور اس کی بنیادی شرط کا بیان
- اللہ تعالیٰ مخلوق کی عبادت سے بے نیاز ہے
- آیاتِ الٰہی کا انکار کرنے پر اہلِ کتاب کو تنبیہ
- ایمان والوں کو راہِ خدا سے روکنے پر اہلِ کتاب کو تنبیہ

(1)...... مقام ابراہیم وہ پتھر ہے جس پر حضرت ابراہیم عَلَیْهِ الصَّلٰوۃُ وَالسَّلَام کعبہ شریف کی تعمیر کے وقت کھڑے ہوئے تھے۔ اس سے معلوم ہوا کہ پیغمبر کے قدم چھو جانے کی وجہ سے اللہ تعالیٰ نے پتھر کو متبرک، شعائر اللہ اور آیۃ اللہ یعنی اللہ عَزَّوَجَلَّ کی نشانی بنا دیا۔

(2)...... یہاں اللہ عَزَّوَجَلَّ کی آیتوں سے مراد تورات کی وہ آیات ہیں جن میں رسول اللہ صَلَّی اللہُ تَعَالٰی عَلَیْهِ وَاٰلِهٖ وَسَلَّم کے اوصاف کا بیان ہے اور وہ عقلی دلائل مراد ہیں جو حضور اقدس صَلَّی اللہُ تَعَالٰی عَلَیْهِ وَاٰلِهٖ وَسَلَّم کی صداقت پر دلالت کرتے ہیں۔

یٰۤاَهْلَ الْكِتٰبِ لِمَ تَصُدُّوْنَ عَنْ سَبِیْلِ اللّٰهِ مَنْ اٰمَنَ

یٰۤاَهْلَ الْكِتٰبِ	لِمَ	تَصُدُّوْنَ	عَنْ	سَبِیْلِ اللّٰهِ	مَنْ	اٰمَنَ
اے اہلِ کتاب	کیوں	روکتے ہو	سے	اللہ کی راہ (اللہ کے دین)	(اسے) جو	ایمان لایا

اے اہلِ کتاب! تم ایمان لانے والوں کو اللہ کے راستے سے کیوں روکتے ہو؟

تَبْغُوْنَهَا عِوَجًا وَّ اَنْتُمْ شُهَدَآءُ ؕ وَ مَا اللّٰهُ

تَبْغُوْنَهَا	عِوَجًا	وَّ	اَنْتُمْ	شُهَدَآءُ	وَ	مَا	اللّٰهُ
تم چاہتے ہو اس (راہِ خدا) میں	ٹیڑھا پن	اور (حالانکہ)	تم	گواہ (ہو)	اور	نہیں	اللہ

تم اس میں بھی ٹیڑھا پن چاہتے ہو حالانکہ تم خود اس پر گواہ ہو اور اللہ

بِغَافِلٍ عَمَّا تَعْمَلُوْنَ ﴿۹۹﴾ یٰۤاَیُّهَا الَّذِیْنَ اٰمَنُوْۤا اِنْ تُطِیْعُوْا

بِغَافِلٍ	عَمَّا	تَعْمَلُوْنَ ﴿۹۹﴾	یٰۤاَیُّهَا	الَّذِیْنَ	اٰمَنُوْۤا	اِنْ	تُطِیْعُوْا
غافل	(اس) سے جو	تم کرتے ہو	اے	وہ لوگو جو	ایمان لائے	اگر	تم اطاعت کرو

تمہارے اعمال سے بے خبر نہیں ○ اے ایمان والو! اگر تم اہلِ کتاب میں سے کسی گروہ کی

فَرِیْقًا مِّنَ الَّذِیْنَ اُوْتُوا الْكِتٰبَ یَرُدُّوْكُمْ

فَرِیْقًا (1)	مِّنَ	الَّذِیْنَ	اُوْتُوا	الْكِتٰبَ	یَرُدُّوْكُمْ
ایک گروہ (کی)	سے	ان لوگوں سے جو	دیئے گئے	کتاب	وہ لوٹا دیں گے تمہیں

اطاعت کرو تو وہ تمہیں تمہارے ایمان کے بعد

بَعْدَ اِیْمَانِكُمْ كٰفِرِیْنَ ﴿۱۰۰﴾ وَ كَیْفَ تَكْفُرُوْنَ

بَعْدَ اِیْمَانِكُمْ	كٰفِرِیْنَ ﴿۱۰۰﴾	وَ	كَیْفَ	تَكْفُرُوْنَ
تمہارے ایمان کے بعد	کفر کرنے والے (کفر کی حالت میں)	اور	کیسے	تم کفر کروگے

کفر کی حالت میں لوٹا دیں گے ○ اور (ایمان والو! اب) تم کیوں کفر کروگے

عنوان: مسلمانوں کو اہلِ کتاب کی اطاعت نہ کرنے کی ہدایت — کافروں والے کام کرنا مسلمان کی شان نہیں

(1)...... مرشاس بن قیس یہودی نے انصار کے دو قبیلوں اوس اور خزرج کی باہمی محبت دیکھ کر انہیں آپس میں لڑانے کی کوشش کی اور نبی کریم صَلَّی اللّٰہُ تَعَالٰی عَلَیْہِ وَاٰلِہٖ وَسَلَّم نے ان قبیلوں میں صلح کروادی۔ اس موقع پر یہ آیت کریمہ نازل ہوئی۔ اس سے معلوم ہوا کہ فتنہ فساد برپا کرنا اور مسلمانوں کو آپس میں لڑانا یہودیوں کا کام اور آپس میں پیار محبت پیدا کرنا اور صلح کروانا سراپا رحمت، شفیعِ امت صَلَّی اللّٰہُ تَعَالٰی عَلَیْہِ وَاٰلِہٖ وَسَلَّم کی سنت ہے۔

وَ اَنْتُمْ تُتْلٰى عَلَیْكُمْ اٰیٰتُ اللّٰهِ وَ فِیْكُمْ

وَ	اَنْتُمْ	تُتْلٰى (1)	عَلَیْكُمْ	اٰیٰتُ اللّٰهِ	وَ	فِیْكُمْ
اور (حالانکہ)	تم	پڑھی جاتی ہیں	تمہارے اوپر	اللہ کی آیتیں	اور	تم میں (موجود ہے)

حالانکہ تمہارے سامنے اللہ کی آیتیں پڑھی جاتی ہیں اور تم میں

رَسُوْلُهٗ ؕ وَ مَنْ یَّعْتَصِمْ بِاللّٰهِ فَقَدْ

رَسُوْلُهٗ	وَ	مَنْ	یَّعْتَصِمْ	بِاللّٰهِ	فَقَدْ
اس کا رسول	اور	جو (جس نے)	مضبوطی سے تھام لیا	اللہ (کے سہارے) کو	تو تحقیق، بیشک

اس کا رسول تشریف فرما ہے اور جس نے اللہ کا سہارا مضبوطی سے تھام لیا تو

هُدِیَ اِلٰى صِرَاطٍ مُّسْتَقِیْمٍ ۠ ﴿۱۰۱﴾ یٰۤاَیُّهَا الَّذِیْنَ اٰمَنُوا

هُدِیَ	اِلٰى	صِرَاطٍ	مُّسْتَقِیْمٍ ﴿۱۰۱﴾	یٰۤاَیُّهَا	الَّذِیْنَ	اٰمَنُوا
وہ ہدایت دیا گیا	کی طرف	راستے	سیدھے	اے	وہ لوگو جو	ایمان لائے

اسے یقیناً سیدھا راستہ دکھا دیا گیا ○ اے ایمان والو!

اتَّقُوا اللّٰهَ حَقَّ تُقٰتِهٖ وَ لَا تَمُوْتُنَّ اِلَّا

اتَّقُوا	اللّٰهَ	حَقَّ تُقٰتِهٖ	وَ	لَا تَمُوْتُنَّ	اِلَّا
ڈرو	اللہ (سے)	(جیسا) اس سے ڈرنے کا حق (ہے)	اور	تم ہرگز نہ مرنا	مگر

اللہ سے ڈرو جیسا اس سے ڈرنے کا حق ہے اور ضرور تمہیں موت صرف

وَ اَنْتُمْ مُّسْلِمُوْنَ ﴿۱۰۲﴾ وَ اعْتَصِمُوْا

وَ	اَنْتُمْ	مُّسْلِمُوْنَ ﴿۱۰۲﴾	وَ	اعْتَصِمُوْا
اور (اس حال میں کہ)	تم (ہو)	اسلام والے، مسلمان	اور	مضبوطی سے تھام لو

اسلام کی حالت میں آئے ○ اور تم سب مل کر

عنوان: دینِ اسلام کو مضبوطی سے تھامنے والا ہدایت پر ہے — تقویٰ اور ایمان پر خاتمے کا حکم — قرآن کو تھامنے کا حکم اور باہمی تفرقہ کی ممانعت

(1) ...... یہاں ابتداءً صحابۂ کرام رَضِیَ اللّٰہُ تَعَالٰی عَنْھُم سے خطاب ہے کہ اے جماعتِ صحابہ! (رَضِیَ اللّٰہُ تَعَالٰی عَنْھُم) تم کافروں کی طرح آپس میں کیسے لڑ سکتے ہو جبکہ تم حضور رَحْمَۃٌ لِّلْعٰلَمِیْن صَلَّی اللّٰہُ تَعَالٰی عَلَیْہِ وَاٰلِہٖ وَسَلَّم کے صحبت یافتہ ہو اور ان کی زبانِ مبارک سے قرآن مجید سنتے ہو۔ اس آیت میں عام مسلمانوں کو بھی اس اعتبار سے نصیحت ہے کہ ہمارے درمیان قرآن موجود ہے اور حضور اقدس صَلَّی اللّٰہُ تَعَالٰی عَلَیْہِ وَاٰلِہٖ وَسَلَّم کی تعلیمات موجود ہیں تو پھر آپس میں نفسانی لڑائی کس طرح ہو سکتی ہے؟

بِحَبْلِ اللّٰهِ جَمِيْعًا وَّلَا تَفَرَّقُوْا ۠ وَاذْكُرُوْا

بِحَبْلِ اللّٰهِ	جَمِيْعًا	وَّ	لَا تَفَرَّقُوْا (1)	وَ	اذْكُرُوْا
اللہ کی رسی کو	سب	اور	آپس میں جدا جدا نہ ہو جاؤ	اور	یاد کرو

اللہ کی رسی کو مضبوطی کے ساتھ تھام لو اور آپس میں تفرقہ مت ڈالو اور

نِعْمَتَ اللّٰهِ عَلَيْكُمْ اِذْ كُنْتُمْ اَعْدَآءً

نِعْمَتَ اللّٰهِ	عَلَيْكُمْ	اِذْ	كُنْتُمْ	اَعْدَآءً
اللہ کی نعمت	اپنے اوپر	جب	تم تھے	دشمن

اللہ کا احسان اپنے اوپر یاد کرو جب تم ایک دوسرے کے دشمن تھے

فَاَلَّفَ بَيْنَ قُلُوْبِكُمْ فَاَصْبَحْتُمْ

فَاَلَّفَ	بَيْنَ قُلُوْبِكُمْ	فَاَصْبَحْتُمْ
تو (اللہ نے) الفت ڈال دی، محبت پیدا کر دی	تمہارے دلوں کے درمیان	تو تم ہو گئے

تو اس نے تمہارے دلوں میں ملاپ پیدا کر دیا پس اس کے فضل سے

بِنِعْمَتِهٖۤ اِخْوَانًا ۚ وَكُنْتُمْ عَلٰى شَفَا حُفْرَةٍ مِّنَ

بِنِعْمَتِهٖۤ	اِخْوَانًا	وَ	كُنْتُمْ	عَلٰى	شَفَا حُفْرَةٍ	مِّنَ
اس کی نعمت سے	بھائی بھائی	اور	تم تھے	پر	گڑھے کے کنارے	سے (کے)

تم آپس میں بھائی بھائی بن گئے اور تم تو آگ کے گڑھے کے کنارے پر تھے

النَّارِ فَاَنْقَذَكُمْ مِّنْهَا ؕ كَذٰلِكَ يُبَيِّنُ اللّٰهُ

النَّارِ	فَاَنْقَذَكُمْ	مِّنْهَا	كَذٰلِكَ	يُبَيِّنُ	اللّٰهُ
آگ	تو اس نے بچا لیا تمہیں	اس سے	اسی طرح	بیان کرتا ہے	اللہ

تو اس نے تمہیں اس سے بچا لیا۔ اللہ تم سے یوں ہی اپنی آیتیں

عنوان: حضور صَلَّى اللّٰهُ تَعَالٰى عَلَيْهِ وَاٰلِهٖ وَسَلَّم کے ذریعے مسلمانوں میں الفت پیدا ہونا اور جہنم سے نجات ملنا

(1)...... بعض لوگ یہ آیت لے کر اہلسنت سمیت سب کو غلط قرار دیتے ہیں جو کہ سراسر غلط ہے کیونکہ حکم یہ ہے کہ جس طریقے پر مسلمان چلتے آ رہے ہیں، جو صحابہ رَضِیَ اللّٰهُ تَعَالٰی عَنْهُم سے جاری ہے اور سنت سے ثابت ہے اس سے نہ ہٹو۔ اہلِ سنت و جماعت تو سنتِ رسول اور جماعتِ صحابہ کے طریقے پر چلتے آ رہے ہیں تو سمجھایا تو ان لوگوں کو جائے گا جو اس سے ہٹے نہ کہ اصل طریقے پر چلنے والوں کو کہا جائے کہ تم اپنا طریقہ چھوڑ دو۔

لَكُمْ اٰيٰتِهٖ لَعَلَّكُمْ تَهْتَدُوْنَ ﴿۱۰۳﴾ وَلْتَكُنْ مِّنْكُمْ

لَكُمْ	اٰيٰتِهٖ	لَعَلَّكُمْ	تَهْتَدُوْنَ ﴿۱۰۳﴾	وَ	لْتَكُنْ	مِّنْكُمْ
تمہارے لئے	اپنی آیتیں	تاکہ تم	ہدایت پاجاؤ	اور	چاہئے کہ ہو	تم میں سے

بیان فرماتا ہے تاکہ تم ہدایت پاجاؤ ○ اور تم میں سے

اُمَّةٌ يَّدْعُوْنَ اِلَى الْخَيْرِ وَيَاْمُرُوْنَ بِالْمَعْرُوْفِ وَ

اُمَّةٌ (1)	يَّدْعُوْنَ	اِلَى	الْخَيْرِ	وَ	يَاْمُرُوْنَ	بِالْمَعْرُوْفِ	وَ
ایک گروہ	وہ بلائیں	کی طرف	بھلائی	اور	حکم دیں	اچھی بات، نیکی کا	اور

ایک گروہ ایسا ہونا چاہئے جو بھلائی کی طرف بلائیں اور اچھی بات کا حکم دیں اور

يَنْهَوْنَ عَنِ الْمُنْكَرِ ؕ وَاُولٰٓئِكَ هُمُ الْمُفْلِحُوْنَ ﴿۱۰۴﴾

يَنْهَوْنَ	عَنِ	الْمُنْكَرِ	وَ	اُولٰٓئِكَ	هُمُ	الْمُفْلِحُوْنَ ﴿۱۰۴﴾
منع کریں	سے	بری بات، برائی	اور	یہ لوگ	وہ	فلاح، کامیابی پانے والے (ہیں)

بری بات سے منع کریں اور یہی لوگ فلاح پانے والے ہیں ○

وَلَا تَكُوْنُوْا كَالَّذِيْنَ تَفَرَّقُوْا وَاخْتَلَفُوْا مِنْۢ

وَ	لَا تَكُوْنُوْا (2)	كَالَّذِيْنَ	تَفَرَّقُوْا	وَ	اخْتَلَفُوْا	مِنْ
اور	تم نہ ہونا	ان لوگوں کی طرح جو	آپس میں جدا جدا ہوگئے	اور	اختلاف کیا	سے

اور ان لوگوں کی طرح نہ ہونا جو آپس میں مُتَفَرِّق ہوگئے اور انہوں نے

بَعْدِ مَا جَآءَهُمُ الْبَيِّنٰتُ ؕ وَاُولٰٓئِكَ لَهُمْ

بَعْدِ	مَا	جَآءَهُمُ	الْبَيِّنٰتُ	وَ	اُولٰٓئِكَ	لَهُمْ
(اس کے) بعد	جو	آگئیں ان کے پاس	روشن نشانیاں	اور	یہ لوگ	ان کے لئے

اپنے پاس روشن نشانیاں آجانے کے بعد (بھی) آپس میں اختلاف کیا اور اُن کے لئے

عنوان نیکی کی دعوت دینے اور برائی سے منع کرنے والا ایک گروہ ہونا چاہیے — مسلمانوں کو باہمی اتفاق کا حکم اور اختلافات میں پڑنے کی ممانعت

(1)..... اس آیت سے معلوم ہوا کہ مجموعی طور پر تبلیغ دین فرض کفایہ ہے۔ اس کی بہت سی صورتیں ہیں جیسے مصنفین کا تصنیف کرنا، مقررین کا تقریر کرنا، مبلغین کا بیان کرنا، انفرادی طور پر لوگوں کو نیکی کی دعوت دینا وغیرہ، یہ سب کام تبلیغ دین کے زمرے میں آتے ہیں اور بقدرِ اخلاص ہر ایک کو اس پر ثواب ملتا ہے۔ (2)..... اس آیت میں مسلمانوں کو آپس میں اتفاق و اجتماع کا حکم دیا گیا اور اختلاف اور اس کے اسباب پیدا کرنے کی ممانعت فرمائی گئی ہے۔ احادیث میں بھی اس کی بہت تاکیدیں وارد ہیں اور مسلمانوں کی جماعت سے جدا ہونے کی سختی سے ممانعت فرمائی گئی ہے۔

عَذَابٌ عَظِيْمٌ ﴿١٠٥﴾ يَّوْمَ تَبْيَضُّ وُجُوْهٌ وَّتَسْوَدُّ وُجُوْهٌ

عَذَابٌ	عَظِيْمٌ ﴿١٠٥﴾	يَّوْمَ	تَبْيَضُّ (1)	وُجُوْهٌ	وَّ	تَسْوَدُّ	وُجُوْهٌ
عذاب	بڑا	(جس) دن	سفید ہوں گے	کچھ چہرے	اور	سیاہ ہوں گے	کچھ چہرے

بڑا عذاب ہے ○ جس دن کئی چہرے روشن ہوں گے اور کئی چہرے سیاہ ہوں گے

فَاَمَّا الَّذِيْنَ اسْوَدَّتْ وُجُوْهُهُمْ قف اَكَفَرْتُمْ

فَاَمَّا	الَّذِيْنَ	اسْوَدَّتْ	وُجُوْهُهُمْ	اَكَفَرْتُمْ
پس بہر حال	وہ لوگ جو	سیاہ ہوں گے	ان کے چہرے	کیا تم نے کفر کیا تھا

تو وہ لوگ جن کے چہرے سیاہ ہوں گے (ان سے کہا جائے گا کہ) کیا تم ایمان لانے کے بعد

بَعْدَ اِيْمَانِكُمْ فَذُوْقُوا الْعَذَابَ بِمَا كُنْتُمْ تَكْفُرُوْنَ ﴿١٠٦﴾

بَعْدَ اِيْمَانِكُمْ	فَذُوْقُوا	الْعَذَابَ	بِمَا	كُنْتُمْ تَكْفُرُوْنَ ﴿١٠٦﴾
اپنے ایمان کے بعد	تو چکھو	عذاب	(اس کے) بدلے جو	تم کفر کرتے تھے

کافر ہوئے تھے؟ تو اب اپنے کفر کے بدلے میں عذاب کا مزہ چکھو ○

وَاَمَّا الَّذِيْنَ ابْيَضَّتْ وُجُوْهُهُمْ فَفِيْ رَحْمَةِ اللّٰهِ ط هُمْ

وَ	اَمَّا	الَّذِيْنَ	ابْيَضَّتْ	وُجُوْهُهُمْ	فَفِيْ رَحْمَةِ اللّٰهِ	هُمْ
اور	بہر حال	وہ لوگ جو	سفید ہوں گے	ان کے چہرے	تو اللہ کی رحمت میں (ہوں گے)	وہ

اور وہ لوگ جن کے چہرے سفید ہوں گے وہ اللہ کی رحمت میں ہوں گے، وہ

فِيْهَا خٰلِدُوْنَ ﴿١٠٧﴾ تِلْكَ اٰيٰتُ اللّٰهِ نَتْلُوْهَا عَلَيْكَ

فِيْهَا	خٰلِدُوْنَ ﴿١٠٧﴾	تِلْكَ	اٰيٰتُ اللّٰهِ	نَتْلُوْهَا	عَلَيْكَ
اس میں	ہمیشہ رہنے والے	یہ	اللہ کی آیتیں (ہیں)	ہم پڑھتے ہیں انہیں	تم پر

ہمیشہ اس میں رہیں گے ○ یہ اللہ کی آیتیں ہیں جو ہم حق کے ساتھ تمہارے سامنے

عنوان
- قیامت کے دن مومنوں کے چہرے روشن اور کافروں کے سیاہ ہوں گے
- روشن چہرے والے رحمتِ الٰہی کی جگہ جنت میں ہوں گے
- اللہ تعالیٰ ظلم سے پاک ہے

(1) یہاں آیات میں قیامت کے دن کا منظر بیان ہوا ہے کہ قیامت کے دن کچھ چہرے روشن ہوں گے جو یقیناً اہلِ ایمان کے ہوں گے اور کچھ چہرے سیاہ ہوں گے جو یقیناً کفار کے ہوں گے۔ اس سے متعلق مزید تفصیل تفسیر صراط الجنان، ج ۱، ص ۲۹ پر ملاحظہ فرمائیں۔

بِالْحَقِّ ؕ وَمَا اللّٰهُ یُرِیْدُ ظُلْمًا لِّلْعٰلَمِیْنَ ﴿۱۰۸﴾ وَ

بِالْحَقِّ	وَ	مَا اللّٰهُ یُرِیْدُ	ظُلْمًا	لِّلْعٰلَمِیْنَ ﴿۱۰۸﴾	وَ
حق کے ساتھ	اور	اللہ نہیں چاہتا	ظلم کرنا	جہانوں کے لئے (جہانوں پر)	اور

پڑھتے ہیں اور اللہ جہان والوں پر ظلم نہیں چاہتا ○ اور

لِلّٰهِ مَا فِی السَّمٰوٰتِ وَمَا فِی الْاَرْضِ ؕ وَاِلَی

لِلّٰهِ	مَا	فِی السَّمٰوٰتِ	وَ	مَا	فِی الْاَرْضِ	وَ	اِلَی
اللہ کے لئے	جو کچھ	آسمانوں میں	اور	جو کچھ	زمین میں	اور	کی طرف

اللہ ہی کا ہے جو کچھ آسمانوں میں ہے اور جو کچھ زمین میں ہے، اور سب کام

اللّٰهِ تُرْجَعُ الْاُمُوْرُ ﴿۱۰۹﴾ ع كُنْتُمْ خَیْرَ اُمَّةٍ اُخْرِجَتْ لِلنَّاسِ

اللّٰهِ	تُرْجَعُ	الْاُمُوْرُ ﴿۱۰۹﴾	كُنْتُمْ	خَیْرَ اُمَّةٍ (1)	اُخْرِجَتْ	لِلنَّاسِ
اللہ	لوٹائے جاتے ہیں	تمام کام	تم ہو	بہترین امت	نکالی گئی	لوگوں کے لئے

اللہ ہی کی طرف لوٹائے جاتے ہیں ○ (اے مسلمانو!) تم بہترین امت ہو جو لوگوں (کی ہدایت) کے لئے ظاہر کی گئی،

تَاْمُرُوْنَ بِالْمَعْرُوْفِ وَتَنْهَوْنَ عَنِ الْمُنْكَرِ وَتُؤْمِنُوْنَ

تَاْمُرُوْنَ	بِالْمَعْرُوْفِ	وَ	تَنْهَوْنَ	عَنِ	الْمُنْكَرِ	وَ	تُؤْمِنُوْنَ
حکم دیتے ہو	اچھی بات، نیکی کا	اور	منع کرتے ہو	سے	بری بات، برائی	اور	ایمان لاتے ہو

تم بھلائی کا حکم دیتے ہو اور برائی سے منع کرتے ہو اور اللہ پر ایمان

بِاللّٰهِ ؕ وَلَوْ اٰمَنَ اَهْلُ الْكِتٰبِ لَكَانَ خَیْرًا لَّهُمْ ؕ

بِاللّٰهِ	وَ	لَوْ	اٰمَنَ	اَهْلُ الْكِتٰبِ	لَكَانَ	خَیْرًا	لَّهُمْ
اللہ پر	اور	اگر	ایمان لاتے	اہلِ کتاب	ضرور ہوتا	بہتر	ان کے لئے

رکھتے ہو اور اگر اہلِ کتاب (بھی) ایمان لے آتے تو ان کے لئے بہتر تھا،

عنوان زمین و آسمان میں موجود ہر چیز کا مالک اللہ تعالیٰ ہے — اُمتِ محمدیہ بہترین امت ہے — اُمتِ محمدیہ کی عظمت کا ایک سبب، نیکی کی دعوت دینا اور برائی سے منع کرنا — اہلِ کتاب کے لئے ایمان لے آنا بہتر ہے

(1)..... اس آیت میں ہمارے آقا صَلَّی اللّٰهُ تَعَالٰی عَلَیْهِ وَاٰلِهٖ وَسَلَّم کی امت کو تمام امتوں سے افضل فرمایا گیا اور بعض آیات میں بنی اسرائیل کو بھی عالمین یعنی تمام جہانوں سے افضل فرمایا گیا ہے، لیکن ان کا افضل ہونا ان کے زمانے کے وقت ہی تھا جبکہ حضور سَیِّدُ الْمُرْسَلِیْن صَلَّی اللّٰهُ تَعَالٰی عَلَیْهِ وَاٰلِهٖ وَسَلَّم کی امت کا افضل ہونا دائمی ہے۔

مِنْهُمُ الْمُؤْمِنُوْنَ وَ اَكْثَرُهُمُ الْفٰسِقُوْنَ ﴿۱۱۰﴾

مِنْهُمُ	الْمُؤْمِنُوْنَ	وَ	اَكْثَرُهُمُ	الْفٰسِقُوْنَ ﴿۱۱۰﴾
ان میں سے (بعض)	ایمان والے	اور	ان میں اکثر	نافرمانی کرنے والے

ان میں کچھ مسلمان ہیں اور ان کی اکثریت نافرمان ہیں ○

لَنْ يَّضُرُّوْكُمْ اِلَّاۤ اَذًى ؕ وَ اِنْ يُّقَاتِلُوْكُمْ

لَنْ يَّضُرُّوْكُمْ	اِلَّاۤ	اَذًى	وَ	اِنْ	يُّقَاتِلُوْكُمْ
وہ ہرگز نقصان نہ پہنچا سکیں گے تمہیں	مگر	تکلیف دینا، ستانا	اور	اگر	وہ لڑائی کریں تم سے

یہ تمہیں ستانے کے علاوہ کوئی نقصان نہیں پہنچاسکیں گے اور اگر تم سے لڑیں گے

يُوَلُّوْكُمُ الْاَدْبَارَ ۫ ثُمَّ لَا يُنْصَرُوْنَ ﴿۱۱۱﴾ ضُرِبَتْ عَلَيْهِمُ

يُوَلُّوْكُمُ	الْاَدْبَارَ	ثُمَّ	لَا يُنْصَرُوْنَ ﴿۱۱۱﴾	ضُرِبَتْ	عَلَيْهِمُ
(تو) پھیر جائیں گے تم سے	(اپنی) پیٹھیں	پھر	ان کی مدد نہیں کی جائے گی	مسلط کر دی گئی	ان پر

تو تمہارے سامنے سے پیٹھ پھیر جائیں گے پھر ان کی مدد نہیں کی جائے گی ○ یہ جہاں بھی پائے جائیں

الذِّلَّةُ اَيْنَ مَا ثُقِفُوْۤا اِلَّا بِحَبْلٍ مِّنَ اللّٰهِ

الذِّلَّةُ (1)	اَيْنَ مَا	ثُقِفُوْۤا	اِلَّا	بِحَبْلٍ	مِّنَ	اللّٰهِ
ذلت، رسوائی	جہاں کہیں	وہ پائے جائیں	مگر	رسی سے (سہارے سے)	کی طرف سے	اللہ

ان پر ذلت مُسلَّط کر دی گئی سوائے اس کے کہ انہیں اللہ کی طرف سے سہارا مل جائے

وَ حَبْلٍ مِّنَ النَّاسِ وَ بَآءُوْ بِغَضَبٍ مِّنَ

وَ	حَبْلٍ	مِّنَ النَّاسِ	وَ	بَآءُوْ	بِغَضَبٍ	مِّنَ
اور	رسی (سہارے سے)	لوگوں کی طرف سے	اور	وہ لوٹے	غضب کے ساتھ	سے (کے)

یا لوگوں کی طرف سے سہارا مل جائے۔ یہ اللہ کے غضب کے

عنوان: مسلمانوں کے غلبے کی غیبی خبر | یہودیوں پر ذلت اور محتاجی مسلط کئے جانے اور اس کے اسباب کا بیان

(1)...... یہودیوں پر ذلت اور محتاجی لازم کر دی گئی ہے البتہ دو صورتوں میں یہ اس سے بچ سکتے ہیں، پہلی صورت یہ ہے کہ انہیں اللہ تعالیٰ کی طرف سے یوں سہارا مل جائے کہ یہودی مسلمان ہو جائیں اور دوسری صورت یہ ہے کہ لوگوں سے عہد و پیمان کریں، اسلامی حکومت کے ذمی بن جائیں یا کافر حکومتوں سے بھیک مانگیں اور تعاون حاصل کریں تو دنیوی عزت پاسکتے ہیں اور ایسی صورت میں ان کی سلطنت بھی بن سکتی ہے۔ فی زمانہ یہودی سلطنت جو وجود میں آئی ہے وہ اسی قرآنی صداقت کی دلیل ہے کہ دیگر کافر حکومتوں کے تعاون ہی سے قائم ہوئی ہے۔

اللّٰهِ وَ ضُرِبَتْ عَلَيْهِمُ الْمَسْكَنَةُ ؕ ذٰلِكَ بِاَنَّهُمْ

اللّٰهِ	وَ	ضُرِبَتْ	عَلَيْهِمُ	الْمَسْكَنَةُ	ذٰلِكَ	بِاَنَّهُمْ
اللہ	اور	مسلط کر دی گئی	ان پر	مسکینی، محتاجی	یہ	(اس) وجہ سے کہ وہ

مستحق ہیں اور ان پر محتاجی مسلط کر دی گئی۔ یہ اس وجہ سے ہے کہ

كَانُوْا يَكْفُرُوْنَ بِاٰيٰتِ اللّٰهِ وَ يَقْتُلُوْنَ الْاَنْۢبِيَآءَ بِغَيْرِ حَقٍّ ؕ ذٰلِكَ

كَانُوْا يَكْفُرُوْنَ	بِاٰيٰتِ اللّٰهِ	وَ	يَقْتُلُوْنَ	الْاَنْۢبِيَآءَ	بِغَيْرِ حَقٍّ	ذٰلِكَ
کفر کرتے تھے	اللہ کی آیتوں کے ساتھ	اور	قتل کرتے	نبیوں (کو)	حق کے بغیر، ناحق	یہ

وہ اللہ کی آیتوں کے ساتھ کفر کرتے تھے اور نبیوں کو ناحق شہید کرتے تھے، اور

بِمَا عَصَوْا وَّ كَانُوْا يَعْتَدُوْنَ ﴿۱۱۲﴾ لَيْسُوْا

بِمَا	عَصَوْا	وَّ	كَانُوْا يَعْتَدُوْنَ ﴿۱۱۲﴾	لَيْسُوْا
(اس) وجہ سے کہ	انہوں نے نافرمانی کی	اور	حد سے بڑھتے تھے	وہ نہیں ہیں

اس لئے کہ وہ نافرمان اور سرکش تھے ○ یہ سب

سَوَآءً ؕ مِنْ اَهْلِ الْكِتٰبِ اُمَّةٌ قَآئِمَةٌ يَّتْلُوْنَ

سَوَآءً	مِنْ	اَهْلِ الْكِتٰبِ	اُمَّةٌ	قَآئِمَةٌ	يَّتْلُوْنَ
برابر	سے	اہلِ کتاب	ایک گروہ	(حق پر) قائم	تلاوت کرتے ہیں

ایک جیسے نہیں، اہلِ کتاب میں کچھ وہ لوگ بھی ہیں جو حق پر قائم ہیں،

اٰيٰتِ اللّٰهِ اٰنَآءَ الَّيْلِ وَ هُمْ يَسْجُدُوْنَ ﴿۱۱۳﴾ يُؤْمِنُوْنَ بِاللّٰهِ

اٰيٰتِ اللّٰهِ	اٰنَآءَ الَّيْلِ	وَ	هُمْ	يَسْجُدُوْنَ ﴿۱۱۳﴾ (1)	يُؤْمِنُوْنَ	بِاللّٰهِ
اللہ کی آیتیں	رات کے اوقات (میں)	اور	وہ	سجدہ کرتے ہیں	ایمان لاتے ہیں	اللہ پر

وہ رات کے لمحات میں اللہ کی آیتوں کی تلاوت کرتے ہیں اور سجدہ کرتے ہیں ○ یہ اللہ پر

عنوان: اہلِ کتاب میں سے حق پر قائم لوگوں کے اوصاف

(1)..... اس آیت مبارکہ سے معلوم ہوا کہ نمازِ تہجد بہت اعلیٰ عبادت ہے کہ یہاں رات کو اٹھ کر عبادت کرنے والوں کی بطورِ خاص تعریف کی گئی ہے اور رات کی نماز سے نمازِ عشاء و تہجد دونوں ہی مراد ہو سکتے ہیں۔ آیت سے سجدے کی اہمیت و فضیلت بھی معلوم ہوتی ہے اور یہ بھی واضح ہوتا ہے کہ رات کی عبادت، نماز اور تلاوت دن کی اِن عبادات سے افضل ہے کیونکہ جو دل کی یکسوئی رات میں میسر ہوتی ہے دن میں نصیب نہیں ہوتی۔

وَالْيَوْمِ الْاٰخِرِ وَيَاْمُرُوْنَ بِالْمَعْرُوْفِ وَيَنْهَوْنَ عَنِ

عَنِ	يَنْهَوْنَ	وَ	بِالْمَعْرُوْفِ	يَاْمُرُوْنَ	وَ	الْاٰخِرِ	الْيَوْمِ	وَ
سے	منع کرتے ہیں	اور	اچھی بات، نیکی کا	حکم دیتے ہیں	اور	آخرت (پر)	دن، روزِ	اور

اور آخرت کے دن پر ایمان رکھتے ہیں اور بھلائی کا حکم دیتے اور برائی سے منع

الْمُنْكَرِ وَيُسَارِعُوْنَ فِي الْخَيْرٰتِ ؕ وَاُولٰٓئِكَ مِنَ

مِنَ	اُولٰٓئِكَ	وَ	الْخَيْرٰتِ	فِي	يُسَارِعُوْنَ	وَ	الْمُنْكَرِ
سے	یہ لوگ	اور	نیک کاموں	میں	جلدی کرتے ہیں	اور	بری بات، برائی

کرتے ہیں اور نیک کاموں میں جلدی کرتے ہیں اور یہ لوگ (اللہ کے)

الصّٰلِحِيْنَ ﴿۱۱۴﴾ وَمَا يَفْعَلُوْا مِنْ خَيْرٍ

خَيْرٍ	مِنْ	يَفْعَلُوْا	مَا	وَ	الصّٰلِحِيْنَ ﴿۱۱۴﴾ (1)
نیک کام	سے	وہ کرتے ہیں	جو کچھ	اور	نیکی کرنے والوں (خاص بندوں)

خاص بندوں میں سے ہیں ○ اور یہ لوگ جو نیک کام کرتے ہیں

فَلَنْ يُّكْفَرُوْهُ ؕ وَاللّٰهُ عَلِيْمٌۢ بِالْمُتَّقِيْنَ ﴿۱۱۵﴾ اِنَّ

اِنَّ	بِالْمُتَّقِيْنَ ﴿۱۱۵﴾	عَلِيْمٌ	اللّٰهُ	وَ	فَلَنْ يُّكْفَرُوْهُ
بیشک	پرہیز گاروں کو	جاننے والا	اللہ	اور	تو ہرگز ان کی ناقدری نہیں کی جائے گی اس نیکی پر

ہرگز اس نیکی پر اِن کی ناقدری نہیں کی جائے گی اور اللہ ڈرنے والوں کو جانتا ہے ○ وہ

الَّذِيْنَ كَفَرُوْا لَنْ تُغْنِيَ عَنْهُمْ اَمْوَالُهُمْ وَلَآ

لَآ	وَ	اَمْوَالُهُمْ	عَنْهُمْ	لَنْ تُغْنِيَ	كَفَرُوْا	الَّذِيْنَ
نہ	اور	ان کے اموال	ان سے	ہرگز بے نیاز (دور) نہ کریں گے	کفر کیا	وہ لوگ جو (جنھوں نے)

لوگ جو کافر ہوئے ان کے مال اور ان کی اولاد ان کو

عنوان مسلمانوں کے نیک اعمال کی ناقدری نہ کی جائے گی — کافروں کو ان کے مال اور اولاد عذابِ الٰہی سے نہیں بچاسکتے

(1) ...... گزشتہ آیت اور اِس آیت میں مجموعی طور پر حق پر قائم لوگوں کے یہ اوصاف بیان کئے گئے ہیں۔ (۱) رات کو عبادت میں قیام کرنا، (۲) نماز پڑھنا، (۳) رات کا ایک حصہ عبادت میں گزارنا، (۴) رات کے وقت قرآن کی تلاوت کرنا، (۵) اللہ تعالیٰ اور آخرت پر کامل ایمان رکھنا، (۶) نیکی کا حکم دینا، (۷) برائی سے منع کرنا، (۸) نیکیوں میں سبقت لیجانا، (۹) نیکی کو اختیار کرنا۔ ایک کامل ایمان والے کے بھی یہی اوصاف ہونے چاہئیں۔ اللہ تعالیٰ ہمیں کاملین میں داخل فرمائے۔

أَوْلَادُهُم مِّنَ اللَّهِ شَيْـًٔا ۖ وَأُولَٰٓئِكَ أَصْحَٰبُ النَّارِ ۚ هُمْ فِيهَا

أَوْلَادُهُم	مِّنَ	اللَّهِ	شَيْـًٔا	وَ	أُولَٰٓئِكَ	أَصْحَٰبُ النَّارِ	هُمْ	فِيهَا
ان کی اولاد	سے	اللہ (کے عذاب)	کچھ	اور	یہ لوگ	آگ والے	وہ	اس میں

اللہ کے عذاب سے کچھ بچانہ سکیں گے اور یہی لوگ جہنمی ہیں، یہ ہمیشہ جہنم میں

خَٰلِدُونَ ﴿١١٦﴾ مَثَلُ مَا يُنفِقُونَ فِي هَٰذِهِ الْحَيَوٰةِ الدُّنْيَا

خَٰلِدُونَ ﴿١١٦﴾	مَثَلُ (1)	مَا	يُنفِقُونَ	فِي	هَٰذِهِ الْحَيَوٰةِ الدُّنْيَا
ہمیشہ رہنے والے	مثال	(اس کی) جو	وہ خرچ کرتے ہیں	میں	اس دنیا کی زندگی

رہیں گے ○ اس دنیاوی زندگی میں جو خرچ کرتے ہیں اس کی مثال

كَمَثَلِ رِيحٍ فِيهَا صِرٌّ أَصَابَتْ حَرْثَ قَوْمٍ

كَمَثَلِ رِيحٍ	فِيهَا	صِرٌّ	أَصَابَتْ	حَرْثَ قَوْمٍ
ہوا کی مثال جیسی (ہے)	اس میں	شدید سردی (ہو)	وہ پہنچی	(ایسی) قوم کی کھیتی (کو کہ)

اس ہوا جیسی ہے جس میں شدید ٹھنڈ ہو، وہ ہوا کسی ایسی قوم کی کھیتی کو جا پہنچے

ظَلَمُوٓا أَنفُسَهُمْ فَأَهْلَكَتْهُ ۚ وَمَا ظَلَمَهُمُ اللَّهُ

ظَلَمُوٓا	أَنفُسَهُمْ	فَأَهْلَكَتْهُ	وَ	مَا ظَلَمَهُمُ	اللَّهُ
انہوں نے ظلم کیا	اپنی جانوں (پر)	تو وہ ہلاک کردے اسے	اور	نہیں ظلم کیا ان پر	اللہ (نے)

جنہوں نے اپنی جانوں پر ظلم کیا ہو تو وہ ہوا اس کھیتی کو ہلاک کردے اور اللہ نے ان پر ظلم نہیں کیا

وَلَٰكِنْ أَنفُسَهُمْ يَظْلِمُونَ ﴿١١٧﴾ يَٰٓأَيُّهَا الَّذِينَ ءَامَنُوا لَا تَتَّخِذُوا

وَ	لَٰكِنْ	أَنفُسَهُمْ	يَظْلِمُونَ ﴿١١٧﴾	يَٰٓأَيُّهَا	الَّذِينَ	ءَامَنُوا	لَا تَتَّخِذُوا
اور	لیکن	اپنی جانوں (پر)	وہ ظلم کرتے ہیں	اے	وہ لوگو جو	ایمان لائے	نہ بناؤ

بلکہ وہ خود اپنی جانوں پر ظلم کرتے ہیں ○ اے ایمان والو! غیروں کو رازدار

عنوان: کافر اور ریاکار کے خرچ کرنے کی مثال | کافروں کو رازدار بنانے کی ممانعت اور کفار کی خواہشات

(1) ...... اس آیت میں کافر کے خرچ اور ریاکاری کے طور پر خرچ کرنے والے کی مثال بیان فرمائی گئی کہ ان کے خرچ کو ان کا کفر یا ریاکاری ایسے تباہ کردیتی ہے جیسے برفانی ہوا کھیتی کو برباد کردیتی ہے اور ان کے ساتھ یہ معاملہ کوئی ظلم وزیادتی نہیں بلکہ یہ ان کے کفر یا نفاق یا ریاکاری کا انجام ہے تو یہ خود ان کا اپنی جانوں پر ظلم ہے۔

بِطَانَةً مِّنْ دُوْنِكُمْ لَا يَاْلُوْنَكُمْ خَبَالًا ؕ

بِطَانَةً	مِّنْ	دُوْنِكُمْ	لَا يَاْلُوْنَكُمْ	خَبَالًا
رازدار	سے	اپنے علاوہ (غیروں کو)	وہ کمی نہیں کریں گے تمہارے ساتھ	نقصان، برائی (میں)

نہ بناؤ، وہ تمہاری برائی میں کمی نہیں کریں گے۔

وَدُّوْا مَا عَنِتُّمْ ۚ قَدْ بَدَتِ الْبَغْضَآءُ

وَدُّوْا	مَا عَنِتُّمْ	قَدْ	بَدَتِ	الْبَغْضَآءُ
چاہتے ہیں	کہ تمہیں مشقت، ایذا پہنچے	تحقیق، بیشک	ظاہر ہو گیا	بغض

وہ تو چاہتے ہیں کہ تم مشقت میں پڑ جاؤ۔ بیشک (ان کا) بغض تو

مِنْ اَفْوَاهِهِمْ ۚۖ وَمَا تُخْفِیْ صُدُوْرُهُمْ اَكْبَرُ ؕ

مِنْ	اَفْوَاهِهِمْ	وَ	مَا	تُخْفِیْ	صُدُوْرُهُمْ	اَكْبَرُ
سے	ان کے مونہوں	اور	جو	چھپاتے ہیں	ان کے سینے	زیادہ بڑا ہے

ان کے منہ سے ظاہر ہو چکا ہے اور جو ان کے دلوں میں چھپا ہوا ہے وہ اس سے بھی بڑھ کر ہے۔

قَدْ بَیَّنَّا لَكُمُ الْاٰیٰتِ اِنْ كُنْتُمْ تَعْقِلُوْنَ ﴿۱۱۸﴾

قَدْ	بَیَّنَّا	لَكُمُ	الْاٰیٰتِ	اِنْ	كُنْتُمْ تَعْقِلُوْنَ ﴿۱۱۸﴾ (1)
تحقیق، بیشک	ہم نے بیان کر دیں	تمہارے لئے	آیتیں	اگر	تم عقل رکھتے ہو

بیشک ہم نے تمہارے لئے کھول کر آیتیں بیان کر دیں اگر تم عقل رکھتے ہو ○

هٰۤاَنْتُمْ اُولَآءِ تُحِبُّوْنَهُمْ وَلَا یُحِبُّوْنَكُمْ وَ

هٰۤاَنْتُمْ	اُولَآءِ	تُحِبُّوْنَهُمْ	وَ	لَا یُحِبُّوْنَكُمْ	وَ
خبردار تم	وہ لوگ (ہو جو)	محبت کرتے ہو ان سے	اور	وہ محبت نہیں کرتے تم سے	اور (حالانکہ)

خبردار: یہ تم ہی ہو جو انہیں چاہتے ہو اور وہ تمہیں پسند نہیں کرتے حالانکہ

عنوان مسلمانوں کو اپنے ایمان میں پختہ ہونے کا حکم اور منافقوں کا دوغلا پن

(1) قرآن پاک کی جامعیت اور حقانیت کو اگر سمجھنا ہو تو ان آیات کو سامنے رکھ کر تمام دنیا کے مسلمان اور کافر ممالک کے حالات کا جائزہ لیں۔ کیا اللہ تعالیٰ نے جو کچھ بیان فرمایا وہ قطعی طور پر حق اور سچ نہیں ہے؟ یقیناً سچ ہے۔ تاریخِ عالم، تاریخِ اسلام اور موجودہ حالات تمام کے تمام قرآن کی ان آیات کی صداقت پر دلالت کر رہے ہیں لیکن افسوس کہ ابھی بھی ہماری آنکھیں خوابِ غفلت میں ہیں، ہمارے لوگ ابھی بھی انہی کو اپنا مشکل کشا اور حاجت روا مان رہے ہیں جنہیں اپنے راز بتانے سے بھی اللہ تعالیٰ ہمیں منع فرما رہا ہے۔

تُؤْمِنُوْنَ بِالْكِتٰبِ كُلِّهٖ ۚ وَ اِذَا لَقُوْكُمْ قَالُوْٓا اٰمَنَّا ۖۚ

تُؤْمِنُوْنَ	بِالْكِتٰبِ كُلِّهٖ	وَ	اِذَا	لَقُوْكُمْ	قَالُوْٓا	اٰمَنَّا
تم ایمان لاتے ہو	تمام کتابوں پر	اور	جب	وہ ملتے ہیں تم سے	(تو) کہتے ہیں	ہم ایمان لے آئے

تم تمام کتابوں پر ایمان رکھتے ہو اور جب وہ تم سے ملتے ہیں تو کہتے ہیں ہم ایمان لاچکے ہیں

وَ اِذَا خَلَوْا عَضُّوْا عَلَیْكُمُ الْاَنَامِلَ

وَ	اِذَا	خَلَوْا	عَضُّوْا	عَلَیْكُمُ	الْاَنَامِلَ
اور	جب	وہ تنہا ہوتے ہیں، خلوت میں ہوتے ہیں	چباتے ہیں	تمہارے اوپر	انگلیاں

اور جب تنہائی میں ہوتے ہیں تو غصے کے مارے تم پر انگلیاں

مِنَ الْغَیْظِ ؕ قُلْ مُوْتُوْا بِغَیْظِكُمْ ؕ اِنَّ اللّٰهَ عَلِیْمٌۢ

مِنَ	الْغَیْظِ	قُلْ	مُوْتُوْا	بِغَیْظِكُمْ	اِنَّ	اللّٰهَ	عَلِیْمٌۢ
سے	غصے (کی وجہ)	تم کہو	مر جاؤ	اپنے غصے میں	بیشک	اللہ	جاننے والا

چباتے ہیں۔ اے حبیب! تم فرمادو، اپنے غصے میں مر جاؤ۔ بیشک اللہ

بِذَاتِ الصُّدُوْرِ ﴿۱۱۹﴾ اِنْ تَمْسَسْكُمْ حَسَنَةٌ تَسُؤْهُمْ ۫ وَ

بِذَاتِ الصُّدُوْرِ ﴿۱۱۹﴾	اِنْ	تَمْسَسْكُمْ	حَسَنَةٌ	تَسُؤْهُمْ (1)	وَ
سینوں والی (بات) کو	اگر	چھوئے تمہیں، پہنچے تمہیں	بھلائی	برا لگتا ہے انہیں	اور

دلوں کی بات کو خوب جانتا ہے ○ اگر تمہیں کوئی بھلائی پہنچے تو انہیں برا لگتا ہے اور

اِنْ تُصِبْكُمْ سَیِّئَةٌ یَّفْرَحُوْا بِهَا ؕ وَ اِنْ

اِنْ	تُصِبْكُمْ	سَیِّئَةٌ	یَّفْرَحُوْا	بِهَا	وَ	اِنْ
اگر	پہنچے تمہیں	برائی	(تو) وہ خوش ہوتے ہیں	اس پر	اور	اگر

اگر تمہیں کوئی برائی پہنچے تو اس پر خوش ہوتے ہیں اور اگر

عنوان: مسلمانوں کو صبر اور پرہیزگاری اختیار کرنے کی تلقین

(1) ..... کفار کی عمومی حالت یہ ہے کہ اگر مسلمانوں کو کوئی بھلائی پہنچے تو انہیں برا لگتا ہے اور اگر مسلمانوں کو کوئی تکلیف پہنچے تو وہ خوش ہوتے ہیں لہٰذا مسلمانوں کو کافروں سے محبت و دوستی نہیں رکھنی چاہئے۔ ان کے مقابلے میں مسلمان اگر صبر اور تقویٰ کو اپنا شعار بنالیں تو کافروں کا کوئی داؤ مسلمانوں پر نہ چل سکے گا۔

تَصْبِرُوْا وَ تَتَّقُوْا لَا یَضُرُّكُمْ كَیْدُهُمْ

تَصْبِرُوْا	وَ	تَتَّقُوْا	لَا یَضُرُّكُمْ	كَیْدُهُمْ
تم صبر کرو	اور	تقویٰ اختیار کرو	(تو) نہیں نقصان پہنچائے گا تمہیں	ان کا مکر و فریب

تم صبر کرو اور تقویٰ اختیار کرو تو ان کا مکر و فریب تمہارا کچھ نہیں بگاڑ

شَیْــٴًـاؕ اِنَّ اللّٰهَ بِمَا یَعْمَلُوْنَ مُحِیْطٌ ﴿۱۲۰﴾ ع وَ اِذْ

شَیْــٴًـا	اِنَّ	اللّٰهَ	بِمَا	یَعْمَلُوْنَ	مُحِیْطٌ ﴿۱۲۰﴾	وَ	اِذْ
کچھ	بیشک	اللہ	ساتھ جو (اسے جو)	وہ کرتے ہیں	گھیرے ہوئے (ہے)	اور	جب

سکے گا۔ بیشک اللہ ان کے تمام کاموں کو گھیرے میں لئے ہوئے ہے ○ اور یاد کرو

غَدَوْتَ مِنْ اَهْلِكَ تُبَوِّئُ الْمُؤْمِنِیْنَ

غَدَوْتَ (1)	مِنْ	اَهْلِكَ	تُبَوِّئُ	الْمُؤْمِنِیْنَ
تم صبح کے وقت نکلے	سے	اپنے اہل (اپنے گھر)	ٹھہراتے، مقرر کرتے	ایمان والوں (کو)

اے حبیب! جب صبح کے وقت تم اپنے دولت خانہ سے نکل کر مسلمانوں کو

مَقَاعِدَ لِلْقِتَالِؕ وَ اللّٰهُ سَمِیْعٌ عَلِیْمٌ ﴿۱۲۱﴾ لا اِذْ

مَقَاعِدَ	لِلْقِتَالِ	وَ	اللّٰهُ	سَمِیْعٌ	عَلِیْمٌ ﴿۱۲۱﴾	اِذْ
بیٹھنے کی جگہوں (مورچوں پر)	لڑائی کے لئے	اور	اللہ	سننے والا	جاننے والا	جب

لڑائی کے مورچوں پر مقرر کر رہے تھے اور اللہ سننے والا جاننے والا ہے ○ جب

هَمَّتْ طَّآىٕفَتٰنِ مِنْكُمْ اَنْ تَفْشَلَا لا وَ اللّٰهُ

هَمَّتْ	طَّآىٕفَتٰنِ (2)	مِنْكُمْ	اَنْ	تَفْشَلَا	وَ	اللّٰهُ
ارادہ کیا	دو گروہوں (نے)	تم میں سے	کہ	وہ بزدلی دکھائیں، ہمت ہار دیں	اور	اللہ

تم میں سے دو گروہوں نے ارادہ کیا کہ بزدلی دکھائیں اور اللہ

عنوان: غزوۂ احد کا بیان، جنگ کی تیاری | اللہ تعالیٰ کا مسلمانوں کے دو گروہوں کو ثابت قدم رکھنا

1 ...... یہاں سے غزوۂ احد کا بیان ہو رہا ہے۔ اس واقعے کا خلاصہ صراط الجنان، ج ۲، ص ۴۴ پر ملاحظہ فرمائیں۔

2 ...... یہ دونوں گروہ انصار میں سے تھے ایک قبیلہ بنی سلمہ جس کا تعلق خَزْرَج سے تھا اور ایک بنی حارثہ جس کا تعلق اَوس سے تھا۔ یہ دونوں لشکر کے بازو تھے، جب عبد اللہ بن ابی بن سلول منافق بھاگا تو ان قبیلوں نے بھی واپسی کا ارادہ کیا لیکن اللہ تعالیٰ نے کرم فرمایا اور انہیں اس سے محفوظ رکھا اور یہ دونوں قبیلے حضور اقدس صَلَّی اللّٰہُ تَعَالٰی عَلَیْہِ وَاٰلِہٖ وَسَلَّم کے ساتھ ثابت قدم رہے۔ یہاں اس نعمت و احسان کا ذکر فرمایا ہے۔

وَلِيُّهُمَا ۗ وَعَلَى اللّٰهِ فَلْيَتَوَكَّلِ الْمُؤْمِنُوْنَ ﴿۱۲۲﴾ وَ

وَلِيُّهُمَا	وَ	عَلَى	اللّٰهِ	فَلْيَتَوَكَّلِ	الْمُؤْمِنُوْنَ ﴿۱۲۲﴾	وَ
ان دونوں کا مددگار	اور	پر	اللہ	تو چاہیے کہ توکل کریں	ایمان والے	اور

ان کو سنبھالنے والا تھا اور اللہ ہی پر مسلمانوں کو بھروسہ کرنا چاہیے ○ اور

لَقَدْ نَصَرَكُمُ اللّٰهُ بِبَدْرٍ وَّ اَنْتُمْ اَذِلَّةٌ ۚ

لَقَدْ	نَصَرَكُمُ (1)	اللّٰهُ	بِبَدْرٍ	وَّ	اَنْتُمْ	اَذِلَّةٌ
ضرور بیشک	مدد کی تمہاری	اللہ (نے)	بدر میں	اور	تم	کمزور (بے سروسامان تھے)

بیشک اللہ نے بدر میں تمہاری مدد کی جب تم بالکل بے سروسامان تھے

فَاتَّقُوا اللّٰهَ لَعَلَّكُمْ تَشْكُرُوْنَ ﴿۱۲۳﴾ اِذْ تَقُوْلُ لِلْمُؤْمِنِيْنَ

فَاتَّقُوا	اللّٰهَ	لَعَلَّكُمْ	تَشْكُرُوْنَ ﴿۱۲۳﴾	اِذْ	تَقُوْلُ	لِلْمُؤْمِنِيْنَ
پس ڈرتے رہو	اللہ (سے)	تاکہ تم	شکر گزار بن جاؤ	جب	تم کہہ رہے تھے	ایمان والوں سے

تو اللہ سے ڈرتے رہو تاکہ تم شکر گزار بن جاؤ ○ یاد کرو اے حبیب! جب تم مسلمانوں سے فرما رہے تھے

اَلَنْ يَّكْفِيَكُمْ اَنْ يُّمِدَّكُمْ رَبُّكُمْ بِثَلٰثَةِ اٰلٰفٍ مِّنَ

اَلَنْ يَّكْفِيَكُمْ	اَنْ	يُّمِدَّكُمْ	رَبُّكُمْ	بِثَلٰثَةِ اٰلٰفٍ	مِّنَ
کیا ہرگز کافی نہیں تمہیں	کہ	مدد کرے تمہاری	تمہارا رب	تین ہزار کے ساتھ	سے

کیا تمہیں یہ کافی نہیں کہ تمہارا رب تین ہزار فرشتے اتار کر

الْمَلٰٓئِكَةِ مُنْزَلِيْنَ ﴿۱۲۴﴾ بَلٰٓى ۙ اِنْ تَصْبِرُوْا وَتَتَّقُوْا

الْمَلٰٓئِكَةِ	مُنْزَلِيْنَ ﴿۱۲۴﴾	بَلٰٓى	اِنْ	تَصْبِرُوْا	وَ	تَتَّقُوْا
فرشتوں	نازل کئے ہوئے	کیوں نہیں	اگر	تم صبر کرو	اور	ڈرو، پرہیزگاری اختیار کرو

تمہاری مدد کرے ○ ہاں کیوں نہیں، اگر تم صبر کرو اور تقویٰ اختیار کرو

عنوان

جنگ بدر میں اللہ تعالیٰ کا مسلمانوں کی مدد کرنا

تین ہزار فرشتوں سے مسلمانوں کی مدد کئے جانے کی غیبی خبر

پانچ ہزار ممتاز فرشتوں کے ذریعے مدد کئے جانے کی بشارت

(1)..... اس آیت مبارکہ سے واضح ہوا کہ انبیاء، اولیاء اور فرشتوں کا دوسروں کی مدد کرنا اللہ تعالیٰ ہی کا مدد کرنا ہے کیونکہ جنگ بدر میں مسلمانوں کی مدد کیلئے فرشتے نازل ہوئے، جنگ میں لڑے، انہوں نے مسلمانوں کی مدد کی لیکن ان کی مدد کو اللہ تعالیٰ فرما رہا ہے کہ بدر میں اللہ تعالیٰ نے تمہاری مدد فرمائی۔ اس سے معلوم ہوا کہ اللہ عَزَّوَجَلَّ کے پیارے جب اللہ تعالیٰ کی اجازت سے مدد فرماتے ہیں تو وہ اللہ عَزَّوَجَلَّ ہی کی مدد ہوتی ہے۔

وَ يَاْتُوْكُمْ مِّنْ فَوْرِهِمْ هٰذَا

وَ	يَاْتُوْكُمْ	مِّنْ	فَوْرِهِمْ	هٰذَا
اور	وہ (کافر) آجائیں تمہارے پاس (حملہ آور ہوجائیں تم پر)	سے	اپنی جلدی (فوراً)	یہ

اور کافر اسی وقت تمہارے اوپر حملہ آور ہوجائیں

يُمْدِدْكُمْ رَبُّكُمْ بِخَمْسَةِ اٰلٰفٍ مِّنَ الْمَلٰٓىٕكَةِ مُسَوِّمِیْنَ ﴿۱۲۵﴾ وَ

يُمْدِدْكُمْ (1)	رَبُّكُمْ	بِخَمْسَةِ اٰلٰفٍ	مِّنَ	الْمَلٰٓىٕكَةِ	مُسَوِّمِیْنَ ﴿۱۲۵﴾	وَ
مدد کرے گا تمہاری	تمہارا رب	پانچ ہزار کے ساتھ	سے	فرشتوں	نشان والے	اور

تو تمہارا رب پانچ ہزار نشان والے فرشتوں کے ساتھ تمہاری مدد فرمائے گا ○ اور

مَا جَعَلَهُ اللّٰهُ اِلَّا بُشْرٰى لَكُمْ وَ

مَا جَعَلَهُ	اللّٰهُ	اِلَّا	بُشْرٰى	لَكُمْ (2)	وَ
نہیں بنایا اس (فتح ونصرت) کو	اللہ (نے)	مگر	بشارت، خوشخبری	تمہارے لئے	اور

اللہ نے اس امداد کو صرف تمہاری خوشی کے لئے کیا اور

لِتَطْمَىٕنَّ قُلُوْبُكُمْ بِهٖ ؕ وَ مَا النَّصْرُ اِلَّا

لِتَطْمَىٕنَّ	قُلُوْبُكُمْ	بِهٖ	وَ	مَا	النَّصْرُ	اِلَّا
تاکہ مطمئن ہوجائیں	تمہارے دل	اس کے ساتھ (اس سے)	اور	نہیں	مدد	مگر

اس لئے کہ اس سے تمہارے دلوں کو چین ملے اور مدد صرف اللہ کی طرف

مِنْ عِنْدِ اللّٰهِ الْعَزِیْزِ الْحَكِیْمِ ﴿۱۲۶﴾ لِیَقْطَعَ طَرَفًا مِّنَ

مِنْ	عِنْدِ اللّٰهِ	الْعَزِیْزِ	الْحَكِیْمِ ﴿۱۲۶﴾	لِیَقْطَعَ	طَرَفًا	مِّنَ
سے	اللہ کے پاس	عزت والا، زبردست	حکمت والا	تاکہ کاٹ دے	ایک حصہ	سے (کا)

سے ہوتی ہے جو زبردست ہے حکمت والا ہے ○ اس لئے کہ وہ کافروں کا ایک حصہ

عنوان: غزوۂ بدر میں صحابہ کرام کی مدد کی حکمت — غزوۂ بدر میں مسلمانوں کی مدد کا ایک سبب کفار کی قوت کا خاتمہ

1 ...... بدر میں شرکت کرنے والے تمام مہاجرین وانصار صابر اور متقی ہیں کیونکہ اللہ تعالیٰ نے اپنی مدد اتارنے کیلئے صبر اور تقویٰ کی شرط رکھی تھی اور چونکہ فرشتے بعد میں نازل ہوئے تو اس سے معلوم ہوا کہ شرط پائی گئی تھی، یعنی صحابہ کرام رَضِیَ اللّٰہُ تَعَالٰی عَنْھُم نے صبر و تقویٰ کا مظاہرہ کیا تھا، لہٰذا صحابہ کرام رَضِیَ اللّٰہُ تَعَالٰی عَنْھُم کے صبر اور تقویٰ پر قرآن گواہ ہے۔

2 ...... اس آیت سے معلوم ہوا کہ صحابہ کرام رَضِیَ اللّٰہُ تَعَالٰی عَنْھُم کی خوشی اللہ تعالیٰ کو محبوب ہے کہ ان کی خوشی کیلئے ان کی مدد کی گئی۔

الَّذِیْنَ كَفَرُوْۤا اَوْ یَكْبِتَهُمْ فَیَنْقَلِبُوْا

الَّذِیْنَ	كَفَرُوْۤا	اَوْ	یَكْبِتَهُمْ	فَیَنْقَلِبُوْا
وہ لوگ جو (جنہوں نے)	کفر کیا	یا	(تاکہ) ذلیل کرے انہیں	تو وہ پلٹ جائیں

کاٹ دے یا انہیں ذلیل ورسوا کردے تو وہ نامراد ہو کر

خَآىٕبِیْنَ ﴿۱۲۷﴾ لَیْسَ لَكَ مِنَ الْاَمْرِ شَیْءٌ اَوْ

خَآىٕبِیْنَ ﴿۱۲۷﴾	لَیْسَ	لَكَ (1)	مِنَ	الْاَمْرِ	شَیْءٌ	اَوْ
نامراد (ہو کر)	نہیں ہے	تمہارے لئے	سے	کام	کچھ	یا (یہاں تک کہ)

لوٹ جائیں ○ اے حبیب! آپ کا اس معاملے سے کوئی تعلق نہیں،

یَتُوْبَ عَلَیْهِمْ اَوْ یُعَذِّبَهُمْ فَاِنَّهُمْ

یَتُوْبَ عَلَیْهِمْ	اَوْ	یُعَذِّبَهُمْ	فَاِنَّهُمْ
(اللہ) توبہ کی توفیق دے انہیں	یا	عذاب دے انہیں	تو بیشک وہ (کیونکہ وہ)

اللہ چاہے تو انہیں توبہ کی توفیق دے دے اور چاہے تو انہیں عذاب میں ڈال دے کیونکہ یہ

ظٰلِمُوْنَ ﴿۱۲۸﴾ وَ لِلّٰهِ مَا فِی السَّمٰوٰتِ وَمَا

ظٰلِمُوْنَ ﴿۱۲۸﴾	وَ	لِلّٰهِ	مَا	فِی السَّمٰوٰتِ	وَ	مَا
ظلم کرنے والے (ہیں)	اور	اللہ کے لئے	جو کچھ	آسمانوں میں	اور	جو کچھ

ظالم ہیں ○ اور اللہ ہی کا ہے جو کچھ آسمانوں میں ہے اور جو کچھ

فِی الْاَرْضِؕ یَغْفِرُ لِمَنْ یَّشَآءُ وَیُعَذِّبُ مَنْ

فِی الْاَرْضِ	یَغْفِرُ	لِمَنْ	یَّشَآءُ	وَ	یُعَذِّبُ	مَنْ
زمین میں	بخش دیتا ہے	جس کے لئے	وہ چاہے	اور	عذاب دیتا ہے	جسے

زمین میں ہے۔ جسے چاہے بخشے اور جسے چاہے عذاب

عنوان: اللہ تعالیٰ کی طرف سے حضور اقدس صَلَّی اللّٰہُ تَعَالٰی عَلَیْہِ وَاٰلِہٖ وَسَلَّم کی تربیت — ہر چیز کا مالک اور بخشش و عذاب کا اختیار رکھنے والا اللہ تعالیٰ ہے

(1)...... نبی کریم صَلَّی اللّٰہُ تَعَالٰی عَلَیْہِ وَاٰلِہٖ وَسَلَّم نے ستر قاری صحابہ کرام رَضِیَ اللّٰہُ تَعَالٰی عَنْھُم کو دینی مسائل کی تعلیم دینے کے لئے ایک علاقے کی طرف بھیجا، لیکن کافروں نے دھوکے سے انہیں شہید کر دیا، نبی اکرم صَلَّی اللّٰہُ تَعَالٰی عَلَیْہِ وَاٰلِہٖ وَسَلَّم نے ان کافروں کے خلاف دعا کا ارادہ فرمایا تو اللہ تعالیٰ نے اس دعا سے روکتے ہوئے فرمادیا کہ آپ ان کا معاملہ اللہ تعالیٰ پر چھوڑ دیں، وہ چاہے تو انہیں توبہ کی توفیق دے اور چاہے تو عذاب دے۔ یہ اللہ تعالیٰ کی طرف سے حضور پر نور صَلَّی اللّٰہُ تَعَالٰی عَلَیْہِ وَاٰلِہٖ وَسَلَّم کی تربیت کی ایک مثال ہے۔

يَشَآءُ ۗ وَاللّٰهُ غَفُوْرٌ رَّحِيْمٌ ﴿۱۲۹﴾ ع يٰۤاَيُّهَا الَّذِيْنَ اٰمَنُوْا لَا تَاْكُلُوا

يَشَآءُ	وَ	اللّٰهُ	غَفُوْرٌ	رَّحِيْمٌ ﴿۱۲۹﴾	يٰۤاَيُّهَا	الَّذِيْنَ	اٰمَنُوْا	لَا تَاْكُلُوا
وہ چاہے	اور	اللہ	بخشنے والا	مہربان	اے	وہ لوگو جو	ایمان لائے	نہ کھاؤ

کرے اور اللہ بخشنے والا مہربان ہے ○ اے ایمان والو! دُگنا دَر دُگنا

الرِّبٰۤوا اَضْعَافًا مُّضٰعَفَةً ۪ وَّاتَّقُوا اللّٰهَ لَعَلَّكُمْ تُفْلِحُوْنَ ﴿۱۳۰﴾ ج وَ

الرِّبٰۤوا	اَضْعَافًا	مُّضٰعَفَةً (1)	وَّ	اتَّقُوا	اللّٰهَ	لَعَلَّكُمْ	تُفْلِحُوْنَ ﴿۱۳۰﴾	وَ
سود	دگنا	دگنا کیا ہوا	اور	ڈرو	اللہ (سے)	تاکہ تم	کامیابی پا جاؤ	اور

سود نہ کھاؤ اور اللہ سے ڈرو اس امید پر کہ تمہیں کامیابی مل جائے ○ اور

اتَّقُوا النَّارَ الَّتِیْۤ اُعِدَّتْ لِلْكٰفِرِیْنَ ﴿۱۳۱﴾ ج وَاَطِیْعُوا اللّٰهَ وَ

اتَّقُوا	النَّارَ	الَّتِیْۤ	اُعِدَّتْ	لِلْكٰفِرِیْنَ ﴿۱۳۱﴾	وَ	اَطِیْعُوا	اللّٰهَ	وَ
ڈرو، بچو	آگ (سے)	جو	تیار کی گئی ہے	کافروں کے لئے	اور	اطاعت کرو	اللہ	اور

اس آگ سے بچو جو کافروں کے لئے تیار کی گئی ہے ○ اور اللہ اور رسول کی

الرَّسُوْلَ لَعَلَّكُمْ تُرْحَمُوْنَ ﴿۱۳۲﴾ ج وَسَارِعُوْۤا اِلٰى مَغْفِرَةٍ

الرَّسُوْلَ	لَعَلَّكُمْ	تُرْحَمُوْنَ ﴿۱۳۲﴾	وَ	سَارِعُوْۤا	اِلٰى	مَغْفِرَةٍ
رسول (کی)	تاکہ تم	رحم کئے جاؤ	اور	جلدی کرو	کی طرف	مغفرت، بخشش

فرمانبرداری کرتے رہو تاکہ تم پر رحم کیا جائے ○ اور اپنے رب کی بخشش

مِّنْ رَّبِّكُمْ وَجَنَّةٍ عَرْضُهَا السَّمٰوٰتُ

مِّنْ	رَّبِّكُمْ	وَ	جَنَّةٍ (2)	عَرْضُهَا	السَّمٰوٰتُ
کی طرف سے	اپنے رب	اور	جنت (کی طرف)	اس کی چوڑائی، وسعت	آسمانوں

اور اس جنت کی طرف دوڑو جس کی وسعت آسمانوں

عنوان: سود کھانے کی ممانعت اور اطاعتِ رسول کا حکم ۔ مغفرت اور جنت پانے کی طرف جلدی کرنے کا حکم

(1)...... اس آیت میں سود کھانے سے منع کیا گیا اور اسے حرام قرار دیا گیا۔ زمانہ جاہلیت میں سود کی ایک صورت یہ بھی رائج تھی کہ جب سود کی ادائیگی کی مدت آتی، اگر اس وقت مقروض ادا نہ کر پاتا تو قرض خواہ سود کی مقدار میں اضافہ کر دیتا اور یہ عمل مسلسل کیا جاتا رہتا۔ اسے دُگنا دَر دُگنا کہا جا رہا ہے۔ آج کل بھی یہ طریقہ عام رائج ہے۔ (2)...... اس آیت اور اس سے اوپر کی آیت سے ثابت ہوا کہ جنت و دوزخ پیدا ہو چکی ہیں اور دونوں موجود ہیں کیونکہ دونوں آیتوں میں ماضی کے الفاظ کے ساتھ جنت و دوزخ کے تیار ہونے کا ذکر فرمایا گیا ہے۔

وَالْاَرْضُ ۙ اُعِدَّتْ لِلْمُتَّقِیْنَ ﴿١٣٣﴾ۙ الَّذِیْنَ یُنْفِقُوْنَ

یُنْفِقُوْنَ	الَّذِیْنَ (1)	لِلْمُتَّقِیْنَ ﴿١٣٣﴾	اُعِدَّتْ	الْاَرْضُ	وَ
خرچ کرتے ہیں	وہ لوگ جو	پرہیز گاروں کے لئے	تیار کی گئی ہے	زمین (کے برابر ہے)	اور

اور زمین کے برابر ہے۔ وہ پرہیز گاروں کے لئے تیار کی گئی ہے ○ وہ جو

فِی السَّرَّآءِ وَالضَّرَّآءِ وَالْكٰظِمِیْنَ الْغَیْظَ

الْغَیْظَ	الْكٰظِمِیْنَ	وَ	الضَّرَّآءِ	وَ	السَّرَّآءِ	فِی
غصے (کو)	روکنے والے، پینے والے	اور	تنگی	اور	خوشحالی	میں

خوشحالی اور تنگدستی میں اللہ کی راہ میں خرچ کرتے ہیں اور غصہ پینے والے

وَالْعَافِیْنَ عَنِ النَّاسِ ؕ وَاللّٰهُ یُحِبُّ

یُحِبُّ	اللّٰهُ	وَ	النَّاسِ	عَنِ	الْعَافِیْنَ	وَ
پسند فرماتا ہے	اللہ	اور	لوگوں	سے	درگزر کرنے والے	اور

اور لوگوں سے درگزر کرنے والے ہیں اور اللہ نیک لوگوں

الْمُحْسِنِیْنَ ﴿١٣٤﴾ۚ وَالَّذِیْنَ اِذَا فَعَلُوْا فَاحِشَةً اَوْ

اَوْ	فَاحِشَةً	فَعَلُوْا	اِذَا	الَّذِیْنَ (2)	وَ	الْمُحْسِنِیْنَ ﴿١٣٤﴾
یا	کوئی بے حیائی	کرلیں	جب	وہ لوگ جو	اور	احسان، نیکی کرنے والوں (کو)

سے محبت فرماتا ہے ○ اور وہ لوگ کہ جب کسی بے حیائی کا ارتکاب کرلیں یا

ظَلَمُوْۤا اَنْفُسَهُمْ ذَكَرُوا اللّٰهَ فَاسْتَغْفَرُوْا لِذُنُوْبِهِمْ ۪

لِذُنُوْبِهِمْ	فَاسْتَغْفَرُوْا	اللّٰهَ	ذَكَرُوا	اَنْفُسَهُمْ	ظَلَمُوْۤا
اپنے گناہوں کی	پھر مغفرت طلب کریں	اللہ (کا)	ذکر کریں	اپنی جانوں (پر)	ظلم کرلیں

اپنی جانوں پر ظلم کرلیں تو اللہ کو یاد کرکے اپنے گناہوں کی معافی مانگیں

عنوان: متقین کے اوصاف — پرہیز گاروں کا ایک وصف: گناہ ہوجانے کی صورت میں فوراً سچی توبہ کرلینا

1 ...... اس آیت میں متقین کے چار اوصاف بیان کئے گئے ہیں۔ (۱) خوشحالی اور تنگدستی دونوں حال میں اللہ تعالیٰ کی راہ میں خرچ کرنا، (۲) غصہ پی جانا، (۳) لوگوں کو معاف کردینا، (۴) احسان کرنا۔

2 ...... یہاں پرہیز گاروں کا مزید ایک وصف بیان فرمایا کہ اگر اُن سے کوئی کبیرہ یا صغیرہ گناہ سرزد ہوجائے تو وہ فوراً اللہ عَزَّوَجَلَّ کو یاد کرکے گناہوں سے توبہ کرتے، اپنے گناہ پر شرمندہ ہوتے، اسے چھوڑ دیتے، آئندہ کیلئے اس سے باز رہنے کا پختہ عزم کرلیتے ہیں اور اپنے گناہ پر اصرار نہیں کرتے اور یہی مقبول توبہ کی شرائط ہیں۔

وَ مَنۡ یَّغۡفِرُ الذُّنُوۡبَ اِلَّا اللّٰہُ ۟ۚ قف وَ لَمۡ یُصِرُّوۡا عَلٰی

وَ	مَنۡ	یَّغۡفِرُ	الذُّنُوۡبَ	اِلَّا	اللّٰہُ	وَ	لَمۡ یُصِرُّوۡا	عَلٰی
اور	کون	بخشے، معاف کرے	گناہوں (کو)	مگر	اللہ	اور	وہ اصرار نہ کریں	پر

اور اللہ کے علاوہ کون گناہوں کو معاف کر سکتا ہے اور یہ لوگ جان بوجھ کر

مَا فَعَلُوۡا وَ ہُمۡ یَعۡلَمُوۡنَ ﴿۱۳۵﴾ اُولٰٓئِکَ جَزَآؤُہُمۡ مَّغۡفِرَۃٌ

مَا	فَعَلُوۡا	وَ	ہُمۡ	یَعۡلَمُوۡنَ ﴿۱۳۵﴾	اُولٰٓئِکَ	جَزَآؤُہُمۡ	مَّغۡفِرَۃٌ
جو	انہوں نے کیا	اور (حالانکہ)	وہ	جانتے ہیں	یہ لوگ	ان کی جزا	مغفرت، بخشش

اپنے برے اعمال پر اصرار نہ کریں ○ یہ وہ لوگ ہیں جن کا بدلہ

مِّنۡ رَّبِّہِمۡ وَ جَنّٰتٌ تَجۡرِیۡ مِنۡ تَحۡتِہَا الۡاَنۡہٰرُ

مِّنۡ	رَّبِّہِمۡ	وَ	جَنّٰتٌ	تَجۡرِیۡ	مِنۡ	تَحۡتِہَا	الۡاَنۡہٰرُ
کی طرف سے	ان کے رب	اور	باغات	بہتی ہیں	سے	اس کے نیچے	نہریں

ان کے رب کی طرف سے بخشش ہے اور وہ جنتیں ہیں جن کے نیچے نہریں جاری ہیں۔

خٰلِدِیۡنَ فِیۡہَا ؕ وَ نِعۡمَ اَجۡرُ الۡعٰمِلِیۡنَ ﴿۱۳۶﴾ؕ قَدۡ خَلَتۡ

خٰلِدِیۡنَ	فِیۡہَا	وَ	نِعۡمَ	اَجۡرُ الۡعٰمِلِیۡنَ ﴿۱۳۶﴾	قَدۡ	خَلَتۡ (1)
ہمیشہ رہنے والے	اس میں	اور	کیا ہی اچھا ہے	عمل کرنے والوں کا اجر	تحقیق، بیشک	گزر گئے

(یہ لوگ) ہمیشہ ان (جنتوں) میں رہیں گے اور نیک اعمال کرنے والوں کا کتنا اچھا بدلہ ہے ○ تم سے پہلے

مِنۡ قَبۡلِکُمۡ سُنَنٌ ۙ فَسِیۡرُوۡا فِی الۡاَرۡضِ فَانۡظُرُوۡا کَیۡفَ کَانَ

مِنۡ	قَبۡلِکُمۡ	سُنَنٌ	فَسِیۡرُوۡا	فِی الۡاَرۡضِ	فَانۡظُرُوۡا	کَیۡفَ	کَانَ
سے	تم سے پہلے	طریقے	تو چلو پھرو	زمین میں	پس دیکھو	کیسا	ہوا

کئی طریقے گزر چکے ہیں تو زمین میں چل پھر کر دیکھو

عنوان: متقین کی جزا، بخشش اور جنتیں — اُجڑی بستیاں دیکھ کر عبرت حاصل کی جائے

(1)...... اس آیت میں فرمایا گیا کہ اے لوگو! کافروں کو شروع میں مہلت دینے اور پھر ان کی گرفت کرنے کے حوالے سے تم سے پہلے بھی کئی طریقے گزر چکے ہیں۔ جب لوگ مہلت ملنے کے باوجود ایمان نہیں لاتے تو مختلف عذابوں کے ذریعے انہیں ہلاک و برباد کر دیا جاتا ہے۔ تو اے لوگو! ان اجڑی بستیوں کی طرف آتے جاتے انہیں دیکھ کر عبرت پکڑو اور اپنے اعمال کی اصلاح کر لو۔

عَاقِبَةُ الْمُكَذِّبِيْنَ ﴿١٣٧﴾ هٰذَا بَيَانٌ لِّلنَّاسِ وَهُدًى وَّ

عَاقِبَةُ الْمُكَذِّبِيْنَ ﴿١٣٧﴾	هٰذَا	بَيَانٌ	لِّلنَّاسِ	وَ	هُدًى (1)	وَّ
جھٹلانے والوں کا انجام	یہ	ایک بیان (ہے)	لوگوں کے لئے	اور	ہدایت	اور

جھٹلانے والوں کا کیسا انجام ہوا؟ ○ یہ لوگوں کے لئے ایک بیان اور رہنمائی ہے اور

مَوْعِظَةٌ لِّلْمُتَّقِيْنَ ﴿١٣٨﴾ وَلَا تَهِنُوْا وَلَا تَحْزَنُوْا وَ

مَوْعِظَةٌ	لِّلْمُتَّقِيْنَ ﴿١٣٨﴾	وَ	لَا تَهِنُوْا (2)	وَ	لَا تَحْزَنُوْا	وَ
نصیحت	پرہیز گاروں کے لئے	اور	تم سستی نہ کرو، ہمت نہ ہارو	اور	غم نہ کرو	اور

پرہیز گاروں کے لئے نصیحت ہے ○ اور تم ہمت نہ ہارو اور غم نہ کھاؤ،

اَنْتُمُ الْاَعْلَوْنَ اِنْ كُنْتُمْ مُّؤْمِنِيْنَ ﴿١٣٩﴾ اِنْ يَّمْسَسْكُمْ

اَنْتُمُ	الْاَعْلَوْنَ	اِنْ	كُنْتُمْ	مُّؤْمِنِيْنَ ﴿١٣٩﴾	اِنْ	يَّمْسَسْكُمْ
تم (ہی)	غالب (رہوگے)	اگر	تم ہو	ایمان والے	اگر	چھوتا ہے تمہیں، پہنچتا ہے تمہیں

اگر تم ایمان والے ہو تو تم ہی غالب آؤگے ○ اگر تمہیں کوئی تکلیف

قَرْحٌ فَقَدْ مَسَّ الْقَوْمَ قَرْحٌ مِّثْلُهٗ ؕ وَتِلْكَ الْاَيَّامُ

قَرْحٌ	فَقَدْ	مَسَّ	الْقَوْمَ	قَرْحٌ	مِّثْلُهٗ	وَ	تِلْكَ	الْاَيَّامُ
زخم	تو تحقیق، بیشک	چھوا، پہنچا	قوم (کو)	زخم	اس کی مثل	اور	یہ	دن

پہنچی ہے تو وہ لوگ بھی ویسی ہی تکلیف پا چکے ہیں اور یہ دن ہیں

نُدَاوِلُهَا بَيْنَ النَّاسِ ۚ وَلِيَعْلَمَ اللّٰهُ

نُدَاوِلُهَا	بَيْنَ النَّاسِ	وَ	لِيَعْلَمَ	اللّٰهُ
ہم پھیرتے رہتے ہیں انہیں	لوگوں کے درمیان	اور	تاکہ ظاہر کردے، پہچان کرادے	اللہ

جو ہم لوگوں کے درمیان پھیرتے رہتے ہیں اور یہ اس لئے ہوتا ہے کہ اللہ ایمان والوں کی

عنوان: قرآنِ مجید ہدایت اور نصیحت کی کتاب ہے | غزوۂ احد میں نقصان اٹھانے والے مسلمانوں کو نصیحت | مسلمانوں پر کفار کے غلبے کی حکمتیں

(1) ..... قرآن مجید ہماری ہدایت اور نصیحت کیلئے نازل ہوا، لہٰذا قرآن کا حق ہے کہ اس کی تلاوت کے وقت اس پہلو کو بھی سامنے رکھا جائے اور اس میں مذکور نافرمان قوموں کے عبرتناک انجام، قیامت کی سختیاں اور جہنم کے دردناک عذابات وغیرہ کے بارے میں پڑھ کر عبرت اور نصیحت حاصل کرنے کی کوشش کی جائے۔

(2) ..... غزوۂ احد میں نقصان اٹھانے کے بعد مسلمان بہت غمزدہ تھے اور اس کی وجہ سے بعض کے دل سستی کی طرف مائل تھے۔ ان کی اصلاح کے لئے فرمایا گیا کہ اپنے ساتھ پیش آنے والے معاملے کی وجہ سے سستی اور غم نہ کرو۔ اگر تم سچے ایمان والے اور اللہ تعالیٰ پر کامل بھروسہ رکھنے والے ہو تو بالآخر تم ہی کامیاب ہوگے۔

الَّذِيْنَ اٰمَنُوْا وَيَتَّخِذَ مِنْكُمْ شُهَدَآءَ ؕ وَاللّٰهُ

الَّذِيْنَ	اٰمَنُوْا	وَ	يَتَّخِذَ	مِنْكُمْ	شُهَدَآءَ	وَ	اللّٰهُ
ان لوگوں کی جو	ایمان لائے	اور	(تاکہ) بنادے	تم میں سے	گواہ	اور	اللہ

پہچان کرادے اور تم میں سے کچھ لوگوں کو شہادت کا مرتبہ عطا فرمادے اور اللہ

لَا يُحِبُّ الظّٰلِمِيْنَ ﴿۱۴۰﴾ ۙ وَلِيُمَحِّصَ اللّٰهُ

لَا يُحِبُّ	الظّٰلِمِيْنَ ﴿۱۴۰﴾	وَ	لِيُمَحِّصَ	اللّٰهُ
پسند نہیں فرماتا	ظلم کرنے والوں (کو)	اور	تاکہ خالص کردے، نکھاردے	اللہ

ظالموں کو پسند نہیں کرتا ○ اور اس لئے کہ اللہ

الَّذِيْنَ اٰمَنُوْا وَيَمْحَقَ الْكٰفِرِيْنَ ﴿۱۴۱﴾ اَمْ حَسِبْتُمْ

الَّذِيْنَ	اٰمَنُوْا	وَ	يَمْحَقَ	الْكٰفِرِيْنَ ﴿۱۴۱﴾	اَمْ	حَسِبْتُمْ (1)
ان لوگوں کو جو	ایمان لائے	اور	(تاکہ) مٹادے	کفر کرنے والوں (کو)	کیا	تم نے گمان کرلیا

مسلمانوں کو نکھاردے اور کافروں کو مٹادے ○ کیا تم اس گمان میں ہو

اَنْ تَدْخُلُوا الْجَنَّةَ وَلَمَّا يَعْلَمِ اللّٰهُ

اَنْ	تَدْخُلُوا	الْجَنَّةَ	وَ	لَمَّا	يَعْلَمِ	اللّٰهُ
کہ	داخل ہو جاؤ گے	جنت (میں)	اور (حالانکہ)	ابھی نہیں	امتحان لیا	اللہ (نے)

کہ تم جنت میں داخل ہو جاؤ گے حالانکہ ابھی اللہ نے

الَّذِيْنَ جٰهَدُوْا مِنْكُمْ وَيَعْلَمَ الصّٰبِرِيْنَ ﴿۱۴۲﴾

الَّذِيْنَ	جٰهَدُوْا	مِنْكُمْ	وَ	يَعْلَمَ	الصّٰبِرِيْنَ ﴿۱۴۲﴾
ان لوگوں کا جو (جنہوں نے)	جہاد کیا	تم میں سے	اور	(نہ ہی) آزمایا	صبر کرنے والوں (کو)

تمہارے مجاہدوں کا امتحان نہیں لیا اور نہ (ہی) صبر والوں کی آزمائش کی ہے ○

عنوان: مسلمان پر آنے والی آزمائشوں کی حکمت

(1)...اِس آیت میں اُن مسلمانوں کو تنبیہ کی گئی ہے جو اُحد کے دن کفار کے مقابلہ سے بھاگے تھے۔ نیز اس آیت کو سامنے رکھ کر ہمیں اپنے اعمال اور اپنی حالت پر بھی غور کرنا چاہئے کہ اگر ہمیں راہِ خدا میں اپنا مال یا وقت دینا پڑے تو ہم اس میں کتنا پورا اترتے ہیں؟ افسوس کہ ہماری حالت کچھ اچھی نہیں۔ فضولیات میں خرچ کرنے کیلئے پیسہ بھی ہے اور وقت بھی لیکن اللہ عَزَّوَجَلَّ کی راہ میں خرچ کرتے وقت نہ پیسہ باقی رہتا ہے اور نہ وقت۔

وَ لَقَدْ كُنْتُمْ تَمَنَّوْنَ الْمَوْتَ مِنْ قَبْلِ

قَبْلِ	مِنْ	الْمَوْتَ	كُنْتُمْ تَمَنَّوْنَ (1)	لَقَدْ	وَ
پہلے	سے	موت (شہادت کی)	تم آرزو کیا کرتے تھے	ضرور تحقیق، بیشک	اور

اور تم موت کا سامنا کرنے سے پہلے تو اس کی تمنا

اَنْ تَلْقَوْهُ ۪ فَقَدْ رَاَيْتُمُوْهُ وَ اَنْتُمْ تَنْظُرُوْنَ ﴿۱۴۳﴾ ع وَ

وَ	تَنْظُرُوْنَ ﴿۱۴۳﴾	اَنْتُمْ	وَ	رَاَيْتُمُوْهُ	فَقَدْ	تَلْقَوْهُ	اَنْ
اور	دیکھ رہے ہو	تم	اور	تم نے دیکھ لیا اسے	تو بیشک	تم ملو اس (موت) سے	کہ

کیا کرتے تھے، اب تم نے اسے آنکھوں کے سامنے دیکھ لیا ۝ اور

مَا مُحَمَّدٌ اِلَّا رَسُوْلٌ ۚ قَدْ خَلَتْ مِنْ قَبْلِهِ الرُّسُلُ ؕ

الرُّسُلُ	قَبْلِهٖ	مِنْ	خَلَتْ	قَدْ	رَسُوْلٌ	اِلَّا	مُحَمَّدٌ	مَا
کئی رسول	اس سے پہلے	سے	گزر گئے	بیشک	ایک رسول	مگر	محمد	نہیں

محمد ایک رسول ہی ہیں، ان سے پہلے بھی کئی رسول گزر چکے ہیں

اَفَاۡىِٕنْ مَّاتَ اَوْ قُتِلَ انْقَلَبْتُمْ

انْقَلَبْتُمْ	قُتِلَ	اَوْ	مَّاتَ	اَفَاۡىِٕنْ
تم پھر جاؤ گے (دین سے)	شہید کر دیئے جائیں	یا	وہ وفات پا جائیں	کیا تو اگر

تو کیا اگر وہ وصال کر جائیں یا انہیں شہید کر دیا جائے تو تم الٹے پاؤں

عَلٰۤى اَعْقَابِكُمْ ؕ وَ مَنْ يَّنْقَلِبْ عَلٰى عَقِبَيْهِ

عَلٰى عَقِبَيْهِ	يَّنْقَلِبْ	مَنْ	وَ	عَلٰۤى اَعْقَابِكُمْ
اپنی ایڑیوں پر (الٹے پاؤں)	پھرے گا	جو	اور	اپنی ایڑیوں پر (الٹے پاؤں)

پلٹ جاؤ گے؟ اور جو الٹے پاؤں پھرے گا

عنوان: شہادت کی تمنا کرنے اور موقع ملنے پر بھاگنے والوں کی تفہیم | نبی کریم صَلَّى اللّٰهُ تَعَالٰى عَلَيْهِ وَاٰلِهٖ وَسَلَّم کی پیروی ہر حال میں لازم ہے

(1)...... شہدائے بدر پر ہونے والے انعاماتِ الٰہیہ دیکھ کر اُن مسلمانوں کو حسرت ہوئی جو غزوۂ بدر میں شریک نہ ہو سکے اور اُنہوں نے دورانِ جہاد شہادت کا مرتبہ پانے کی آرزو کی اور اِنہی لوگوں نے نبی کریم صَلَّى اللّٰهُ تَعَالٰى عَلَيْهِ وَاٰلِهٖ وَسَلَّم سے مدینہ سے باہر اُحد جانے کے لئے اصرار کیا تھا، لیکن پھر میدانِ احد سے بھاگ گئے تو اُن کے بارے میں یہ آیت نازل ہوئی اور گویا کہ انہیں سمجھایا گیا کہ پہلے تو شہادت کی تمنا کرتے تھے اور جب میدانِ جنگ میں پہنچے تو بھاگنے لگے، یہ کیا ہے؟

فَلَنْ يَّضُرَّ اللّٰهَ شَيْــًٔا ؕ وَسَيَجْزِى اللّٰهُ

فَلَنْ يَّضُرَّ	اللّٰهَ	شَيْــًٔا	وَ	سَيَجْزِى	اللّٰهُ
تو وہ ہرگز نقصان نہ کرے گا	اللہ (کا)	کچھ	اور	عنقریب جزادے گا	اللہ

وہ اللہ کا کچھ نہ بگاڑے گا اور عنقریب اللہ شکر ادا کرنے والوں کو

الشّٰكِرِيْنَ ﴿١٤٤﴾ وَمَا كَانَ لِنَفْسٍ اَنْ تَمُوْتَ اِلَّا

الشّٰكِرِيْنَ ﴿١٤٤﴾	وَ	مَا كَانَ (1)	لِنَفْسٍ	اَنْ	تَمُوْتَ	اِلَّا
شکر کرنے والوں (کو)	اور	نہیں ہے	کسی جان کے لئے (یہ اختیار)	کہ	وہ مرجائے	مگر

صلہ عطا فرمائے گا ○ اور کوئی جان اللہ کے حکم کے بغیر نہیں

بِاِذْنِ اللّٰهِ كِتٰبًا مُّؤَجَّلًا ؕ وَمَنْ يُّرِدْ ثَوَابَ الدُّنْيَا

بِاِذْنِ اللّٰهِ	كِتٰبًا	مُّؤَجَّلًا	وَ	مَنْ	يُّرِدْ	ثَوَابَ الدُّنْيَا
اللہ کے حکم سے	لکھا ہوا	مقررہ وقت	اور	جو	چاہتا ہے	دنیا کا ثواب (انعام)

مرسکتی، سب کا وقت لکھا ہوا ہے اور جو شخص دنیا کا انعام چاہتا ہے

نُؤْتِهٖ مِنْهَا ۚ وَمَنْ يُّرِدْ ثَوَابَ الْاٰخِرَةِ نُؤْتِهٖ

نُؤْتِهٖ	مِنْهَا	وَ	مَنْ	يُّرِدْ	ثَوَابَ الْاٰخِرَةِ	نُؤْتِهٖ
ہم دیں گے اسے	اس سے	اور	جو	چاہتا ہے	آخرت کا ثواب	ہم دیں گے اسے

ہم اسے دنیا کا کچھ انعام دے دیں گے اور جو آخرت کا انعام چاہتا ہے ہم اسے آخرت کا انعام عطا فرمائیں

مِنْهَا ؕ وَسَنَجْزِى الشّٰكِرِيْنَ ﴿١٤٥﴾ وَكَاَيِّنْ مِّنْ نَّبِيٍّ

مِنْهَا	وَ	سَنَجْزِى	الشّٰكِرِيْنَ ﴿١٤٥﴾	وَ	كَاَيِّنْ	مِّنْ	نَّبِيٍّ
اس سے	اور	عنقریب صلہ عطا کریں گے	شکر کرنے والوں (کو)	اور	کتنے ہی	سے	نبی

گے اور عنقریب ہم شکر ادا کرنے والوں کو صلہ عطا کریں گے ○ اور کتنے ہی انبیاء نے

عنوان: جہاد کرنے کی ترغیب | اعمال کے ثواب کا دارومدار نیت پر ہے | سابقہ امتوں کا جذبہ جہاد سنا کر مسلمانوں کو جہاد میں صبر کی ترغیب

(1) ...... اس آیت میں جہاد کی ترغیب ہے اور مسلمانوں کو دُشمن کے مقابلہ پر جری بنایا جارہا ہے کہ کوئی شخص بغیر حکمِ الٰہی کے مر نہیں سکتا، چاہے وہ کتنی ہی ہلاکت خیز لڑائی میں شرکت کرے اور کتنے ہی تباہ کن میدانِ جنگ میں داخل ہوجائے، اس کے برعکس جب موت کا وقت آتا ہے تو کوئی تدبیر نہیں بچاسکتی خواہ وہ ہزاروں پہرے دار اور محافظ مقرر کرلے اور قلعوں میں جاچھپے کیونکہ ہر ایک کی موت کا وقت لکھا ہوا ہے، وہ وقت آگے پیچھے نہیں ہوسکتا۔

قٰتَلَ ۙ مَعَهٗ رِبِّيُّوْنَ كَثِيْرٌ ۚ

قٰتَلَ (1)	مَعَهٗ	رِبِّيُّوْنَ	كَثِيْرٌ
جہاد کیا (اس نبی نے)	اس کے ساتھ (تھے)	رب والے	بہت سے

جہاد کیا، ان کے ساتھ بہت سے اللہ والے تھے
فَمَا وَهَنُوْا لِمَاۤ اَصَابَهُمْ فِيْ سَبِيْلِ اللّٰهِ

فَمَا وَهَنُوْا	لِمَاۤ	اَصَابَهُمْ	فِيْ	سَبِيْلِ اللّٰهِ
تو انہوں نے ہمت نہ ہاری	(اس) وجہ سے جو	(مصیبتیں) پہنچی انہیں	میں	اللہ کی راہ

تو انہوں نے اللہ کی راہ میں پہنچنے والی تکلیفوں کی وجہ سے نہ تو ہمت ہاری
وَمَا ضَعُفُوْا وَمَا اسْتَكَانُوْا ؕ وَاللّٰهُ يُحِبُّ

وَ	مَا ضَعُفُوْا	وَ	مَا اسْتَكَانُوْا	وَ	اللّٰهُ	يُحِبُّ
اور	نہ کمزوری دکھائی	اور	نہ وہ دبے	اور	اللہ	محبت فرماتا ہے

اور نہ کمزوری دکھائی اور نہ (دوسروں سے) دبے اور اللہ صبر کرنے والوں سے
الصّٰبِرِيْنَ ﴿۱۴۶﴾ وَمَا كَانَ قَوْلَهُمْ اِلَّاۤ اَنْ قَالُوْا

الصّٰبِرِيْنَ ﴿۱۴۶﴾	وَ	مَا كَانَ	قَوْلَهُمْ	اِلَّاۤ	اَنْ	قَالُوْا
صبر کرنے والوں (سے)	اور	نہیں تھا	ان کا کہنا	مگر	یہ کہ	انہوں نے کہا

محبت فرماتا ہے ○ اور وہ اپنی اس دعا کے سوا کچھ بھی نہ کہتے تھے کہ
رَبَّنَا اغْفِرْ لَنَا ذُنُوْبَنَا وَاِسْرَافَنَا فِيْۤ

رَبَّنَا	اغْفِرْ	لَنَا	ذُنُوْبَنَا	وَ	اِسْرَافَنَا	فِيْۤ
اے ہمارے رب	بخش دے	ہمارے لئے	ہمارے گناہ	اور	ہماری زیادتیاں	میں

اے ہمارے رب! ہمارے گناہوں کو اور ہمارے معاملے میں جو ہم سے زیادتیاں ہوئیں

عنوان: مغفرت، ثابت قدمی اور فتح و نصرت کی دعا

(1)...... اس آیت میں بیان ہوا کہ بہت سے انبیاء عَلَیْہِمُ الصَّلٰوۃُ وَالسَّلَام نے جہاد کیا اور ان کے ساتھ ربانی لوگ تھے۔ دونوں چیزوں کے بارے میں تفصیل یہ ہے کہ جہاد حضرت ابراہیم عَلَیْہِ الصَّلٰوۃُ وَالسَّلَام سے شروع ہوا، اس سے پہلے کسی نبی نے جہاد نہ کیا تھا۔ البتہ بعد میں بہت سے پیغمبروں کی شریعت میں جہاد تھا جیسے حضرت موسیٰ، حضرت داؤد، حضرت یوشع عَلَیْہِمُ الصَّلٰوۃُ وَالسَّلَام وغیرہا اور ربانی لوگوں سے مراد علماء، مشائخ اور متقی لوگ ہیں جو اللہ عَزَّوَجَلَّ کو راضی کرنے کی کوشش میں لگے رہیں۔

اَمۡرِنَا وَثَبِّتۡ اَقۡدَامَنَا وَانۡصُرۡنَا عَلَى

اَمۡرِنَا	وَ	ثَبِّتۡ	اَقۡدَامَنَا	وَ	انۡصُرۡنَا	عَلَى
ہمارے کام	اور	مضبوط رکھ	ہمارے قدموں (کو)	اور	مدد فرما ہماری	پر (کے مقابلے میں)

انہیں بخش دے اور ہمیں ثابت قدمی عطا فرما اور کافر قوم کے مقابلے

الۡقَوۡمِ الۡكٰفِرِيۡنَ ۝۱۴۷ فَاٰتٰىهُمُ اللّٰهُ ثَوَابَ الدُّنۡيَا وَ

الۡقَوۡمِ	الۡكٰفِرِيۡنَ ۝۱۴۷	فَاٰتٰىهُمُ	اللّٰهُ	ثَوَابَ الدُّنۡيَا	وَ
قوم	کفر کرنے والے	تو عطا کیا انہیں	اللہ (نے)	دنیا کا ثواب (انعام)	اور

میں ہماری مدد فرما ○ تو اللہ نے انہیں دنیا کا انعام (بھی) عطا فرمایا اور

حُسۡنَ ثَوَابِ الۡاٰخِرَةِ ؕ وَاللّٰهُ يُحِبُّ الۡمُحۡسِنِيۡنَ ۝۱۴۸ يٰۤاَيُّهَا

حُسۡنَ ثَوَابِ الۡاٰخِرَةِ	وَ	اللّٰهُ	يُحِبُّ	الۡمُحۡسِنِيۡنَ ۝۱۴۸	يٰۤاَيُّهَا
آخرت کا اچھا ثواب	اور	اللہ	پسند فرماتا ہے	احسان، نیکی کرنے والوں (کو)	اے

آخرت کا اچھا ثواب بھی اور اللہ نیکی کرنے والوں سے محبت فرماتا ہے ○ اے

الَّذِيۡنَ اٰمَنُوۡۤا اِنۡ تُطِيۡعُوا الَّذِيۡنَ كَفَرُوۡا

الَّذِيۡنَ	اٰمَنُوۡۤا	اِنۡ	تُطِيۡعُوا (1)	الَّذِيۡنَ	كَفَرُوۡا
وہ لوگو جو	ایمان لائے	اگر	تم نے پیروی کی	ان لوگوں کی جو (جنہوں نے)	کفر کیا

ایمان والو! اگر تم کافروں کے کہنے پر چلے

يَرُدُّوۡكُمۡ عَلٰۤى اَعۡقَابِكُمۡ فَتَنۡقَلِبُوۡا

يَرُدُّوۡكُمۡ	عَلٰۤى اَعۡقَابِكُمۡ	فَتَنۡقَلِبُوۡا
(تو) وہ پھیر دیں گے تمہیں	تمہاری ایڑیوں پر (الٹے پاؤں)	(اگر ایسا ہوا) تو تم پلٹو گے

تو وہ تمہیں الٹے پاؤں پھیر دیں گے پھر تم نقصان اٹھا کر

عنوان: انبیائے کرام عَلَيۡهِمُ الصَّلٰوةُ وَالسَّلَام کی معیت میں جہاد کرنے والوں کا صلہ — کافروں کی ہدایات پر چلنے کا نقصان

(1)...... یہاں مسلمانوں کو بہت واضح الفاظ میں سمجھایا گیا ہے کہ اگر تم کافروں کے کہنے پر یا ان کے پیچھے چلو گے خواہ وہ یہودی ہوں یا عیسائی یا منافق یا مشرک، جس کے کہنے پر بھی چلو گے وہ تمہیں کفر، بے دینی، بد عملی اور اللہ تعالیٰ کی نافرمانی کی طرف ہی لے کر جائیں گے اور اس کا نتیجہ یہ نکلے گا کہ تم آخرت کے ساتھ ساتھ اپنی دنیا بھی تباہ کر بیٹھو گے۔ کتنے واضح اور کھلے الفاظ میں فرمادیا کہ کافروں سے ہدایات لے کر چلو گے تو وہ تمہاری دنیا و آخرت تباہ کر دیں گے اور آج تک کا ساری دنیا میں مشاہدہ بھی یہی ہے لیکن حیرت ہے کہ ہم پھر بھی اپنا نظام چلانے میں، اپنے کردار میں، اپنے کلچر میں، اپنے گھریلو معاملات میں، اپنے ......

خٰسِرِيْنَ ﴿۱۴۹﴾ بَلِ اللّٰهُ مَوْلٰىكُمْ ج

خٰسِرِيْنَ ﴿۱۴۹﴾	بَلِ	اللّٰهُ	مَوْلٰىكُمْ
خسارہ اٹھانے والے (ہو کر)	(کافر تمہارے مددگار نہیں) بلکہ	اللہ	تمہارا مددگار (ہے)

پلٹو گے ○ بلکہ اللہ ہی تمہارا مددگار ہے

وَهُوَ خَيْرُ النّٰصِرِيْنَ ﴿۱۵۰﴾ سَنُلْقِيْ فِيْ قُلُوْبِ

وَ	هُوَ	خَيْرُ النّٰصِرِيْنَ ﴿۱۵۰﴾	سَنُلْقِيْ (1)	فِيْ	قُلُوْبِ
اور	وہ	بہترین مددگار (ہے)	عنقریب ہم ڈال دیں گے	میں	دلوں

اور وہی سب سے بہترین مددگار ہے ○ عنقریب ہم کافروں کے

الَّذِيْنَ كَفَرُوا الرُّعْبَ بِمَآ اَشْرَكُوْا

الَّذِيْنَ	كَفَرُوا	الرُّعْبَ	بِمَآ	اَشْرَكُوْا
ان لوگوں کے جو (جنہوں نے)	کفر کیا	رعب	بسبب اس کے جو	انہوں نے شریک ٹھہرایا

دلوں میں رعب ڈال دیں گے کیونکہ انہوں نے

بِاللّٰهِ مَا لَمْ يُنَزِّلْ بِهٖ سُلْطٰنًا ج وَمَاْوٰىهُمُ

بِاللّٰهِ	مَا	لَمْ يُنَزِّلْ	بِهٖ	سُلْطٰنًا	وَ	مَاْوٰىهُمُ
اللہ کے ساتھ	(ایسی چیز کو) جو	نہیں نازل کی	اس کی	کوئی دلیل	اور	ان کا ٹھکانہ

اللہ کے ساتھ ایسی چیز کو شریک ٹھہرایا جس کی اللہ نے کوئی دلیل نہیں اتاری اور ان کا ٹھکانہ

النَّارُ ط وَبِئْسَ مَثْوَى الظّٰلِمِيْنَ ﴿۱۵۱﴾ وَلَقَدْ

النَّارُ	وَ	بِئْسَ	مَثْوَى الظّٰلِمِيْنَ ﴿۱۵۱﴾	وَ	لَقَدْ
آگ (ہے)	اور	کیا ہی برا ہے	ظلم کرنے والوں کا ٹھکانہ	اور	ضرور تحقیق، بیشک

آگ ہے اور وہ ظالموں کا کتنا برا ٹھکانہ ہے ○ اور بیشک

عنوان: اللہ تعالیٰ سب سے بہتر مددگار ہے — جنگِ احد سے واپس ہونے والے کفار پر رعب طاری کرنے کی غیبی خبر — غزوۂ احد میں نبی کریم صَلَّی اللّٰہُ تَعَالٰی عَلَیْہِ وَاٰلِہٖ وَسَلَّم کے حکم پر عمل نہ کرنے کا نقصان

...... کاروبار میں ہر جگہ کافروں کے کہنے پر اور ان کے طریقے پر ہی چل رہے ہیں، جس سے ہمارا رب کریم عَزَّوَجَلَّ ہمیں بار بار منع فرما رہا ہے۔

(1) ...... اس آیت میں غیب کی خبر ہے، جب ابو سفیان وغیرہ جنگ احد کے بعد واپس ہوئے تو راستہ میں خیال کیا کہ کیوں لوٹ آئے، سب مسلمانوں کو ختم کیوں نہ کر دیا حالانکہ یہ اچھا موقعہ تھا۔ جب واپس ہونے پر آمادہ ہوئے تو قدرتی طور پر ان تمام کے دلوں میں مسلمانوں کا ایسا رعب طاری ہوا کہ وہ مکہ چلے گئے اور یہ خبر پوری ہوئی۔

صَدَقَكُمُ اللّٰهُ وَعْدَهٗۤ اِذْ تَحُسُّوْنَهُمْ بِاِذْنِهٖ ۚ

صَدَقَكُمُ (1)	اللّٰهُ	وَعْدَهٗۤ	اِذْ	تَحُسُّوْنَهُمْ	بِاِذْنِهٖ
سچا کر دیا تم سے	اللہ (نے)	اپنا وعدہ	جب	تم قتل کر رہے تھے ان (کافروں) کو	اس کے حکم سے

اللہ نے تمہیں اپنا وعدہ سچا کر دکھایا جب تم اس کے حکم سے کافروں کو قتل کر رہے تھے

حَتّٰۤى اِذَا فَشِلْتُمْ وَ تَنَازَعْتُمْ فِی

حَتّٰۤى	اِذَا	فَشِلْتُمْ	وَ	تَنَازَعْتُمْ	فِی
یہاں تک کہ	جب	تم پست ہمت ہو گئے	اور	آپس میں اختلاف کیا	(کے بارے) میں

یہاں تک کہ جب تم نے بزدلی دکھائی اور حکم میں آپس میں اختلاف

الْاَمْرِ وَ عَصَیْتُمْ مِّنْۢ بَعْدِ مَاۤ اَرٰىكُمْ

الْاَمْرِ	وَ	عَصَیْتُمْ	مِّنْۢ	بَعْدِ	مَاۤ	اَرٰىكُمْ
حکم	اور	حکم کی خلاف ورزی کی	سے	(اس کے) بعد	جو	(اللہ نے) دکھادی تمہیں

کیا اور تم نے اس کے بعد نافرمانی کی جب اللہ تمہیں وہ کامیابی دکھا چکا تھا

مَّا تُحِبُّوْنَ ؕ مِنْكُمْ مَّنْ یُّرِیْدُ الدُّنْیَا وَ

مَّا	تُحِبُّوْنَ	مِنْكُمْ	مَّنْ	یُّرِیْدُ	الدُّنْیَا	وَ
(کامیابی) جسے	تم پسند کرتے تھے	تم میں سے	(کوئی وہ ہے) جو	چاہتا ہے	دنیا	اور

جو تمہیں پسند تھی۔ تم میں کوئی دنیا کا طلبگار ہے اور

مِنْكُمْ مَّنْ یُّرِیْدُ الْاٰخِرَةَ ۚ ثُمَّ صَرَفَكُمْ

مِنْكُمْ	مَّنْ	یُّرِیْدُ	الْاٰخِرَةَ	ثُمَّ	صَرَفَكُمْ
تم میں سے	(کوئی وہ ہے) جو	چاہتا ہے	آخرت	پھر	(اللہ نے) پھیر دیا تمہیں

تم میں کوئی آخرت کا طلبگار ہے۔ پھر اس نے تمہارا منہ ان سے

(1)......یہاں غزوۂ احد کے دوران پہاڑی درہ چھوڑنے والے صحابہ کا ذکر کیا جارہا ہے۔ اس واقعے سے متعلق معلومات حاصل کرنے کے لئے تفسیر صراط الجنان، ج ۲، ص ۷۱ کا مطالعہ فرمائیں۔

عَنْهُمْ لِيَبْتَلِيَكُمْ ۚ وَلَقَدْ عَفَا عَنْكُمْ ۗ

عَنْهُمْ	لِيَبْتَلِيَكُمْ	وَ	لَقَدْ	عَفَا[1]	عَنْكُمْ
ان (کافروں) سے	تاکہ آزمائے تمہیں	اور	ضرور بیشک	(اللہ نے) معاف کردیا	تم سے

پھیر دیا تاکہ تمہیں آزمائے اور بیشک اس نے تمہیں معاف فرمادیا ہے

وَاللّٰهُ ذُوْ فَضْلٍ عَلَى الْمُؤْمِنِيْنَ ﴿۱۵۲﴾ اِذْ تُصْعِدُوْنَ

وَ	اللّٰهُ	ذُوْ فَضْلٍ	عَلَى	الْمُؤْمِنِيْنَ ﴿۱۵۲﴾	اِذْ	تُصْعِدُوْنَ
اور	اللہ	فضل والا (ہے)	پر	ایمان والوں	جب	تم منہ اٹھائے چلے جارہے تھے

اور اللہ مسلمانوں پر بڑا فضل فرمانے والا ہے ○ جب تم منہ اٹھائے چلے جارہے تھے

وَلَا تَلْوٗنَ عَلٰۤى اَحَدٍ وَّ الرَّسُوْلُ يَدْعُوْكُمْ فِيْۤ

وَ	لَا تَلْوٗنَ	عَلٰۤى	اَحَدٍ	وَّ	الرَّسُوْلُ	يَدْعُوْكُمْ	فِيْۤ
اور	پیچھے مڑ کر نہ دیکھتے تھے	پر (کو)	کسی ایک	اور	رسول	بلا رہے تھے تمہیں	میں

اور کسی کو پیچھے مڑ کر بھی نہ دیکھتے تھے اور تمہارے پیچھے رہ جانے والی دوسری جماعت میں ہمارے رسول

اُخْرٰىكُمْ فَاَثَابَكُمْ غَمًّۢا بِغَمٍّ لِّكَيْلَا تَحْزَنُوْا

اُخْرٰىكُمْ	فَاَثَابَكُمْ	غَمًّۢا	بِغَمٍّ	لِّكَيْلَا تَحْزَنُوْا[2]
تمہاری دوسری (جماعت)	تو اس نے پہنچایا تمہیں	غم	غم کے بدلے	(معافی سنائی) تاکہ تم غم نہ کرو

تمہیں پکار رہے تھے تو اللہ نے تمہیں غم کے بدلے غم دیا اور معافی اس لئے سنادی تاکہ

عَلٰى مَا فَاتَكُمْ وَلَا مَاۤ اَصَابَكُمْ ۗ وَاللّٰهُ

عَلٰى	مَا	فَاتَكُمْ	وَ	لَا	مَاۤ	اَصَابَكُمْ	وَ	اللّٰهُ
(اس) پر	جو	چھوٹ گئی تم سے	اور	نہ	(اس پر) جو	(مصیبت) پہنچی تمہیں	اور	اللہ

جو تمہارے ہاتھ سے نکل گیا نہ تو اس پر غم کرو اور نہ ہی اس تکلیف پر جو تمہیں پہنچی ہے اور اللہ

عنوان: غزوۂ احد میں خطا کرنے والوں کی معافی کا اعلان — غزوۂ احد میں مسلمانوں کی افراتفری اور خطا کرنے والوں کی دلجوئی

(1)...... غزوۂ احد میں جن لوگوں نے خطا کی اللہ تعالیٰ نے انہیں معاف فرمادیا۔ معلوم ہوا کہ اس طرح کے واقعات کو لے کر صحابہ رَضِیَ اللہُ تَعَالٰی عَنْھُم کی شان میں گستاخی کرنے والا بدبخت ہے۔ (2)...... اس آیت سے معلوم ہوتا ہے کہ اللہ تعالیٰ کو حضور صَلَّی اللہُ تَعَالٰی عَلَیْہِ وَاٰلِہٖ وَسَلَّم کی رضا اور خوشی کس قدر عزیز ہے کہ صحابہ رَضِیَ اللہُ تَعَالٰی عَنْھُم کی وجہ سے آپ صَلَّی اللہُ تَعَالٰی عَلَیْہِ وَاٰلِہٖ وَسَلَّم کو صدمہ ہوا تو اللہ تعالیٰ نے انہیں بھی صدمے میں مبتلا کیا اور پھر صحابہ رَضِیَ اللہُ تَعَالٰی عَنْھُم کی جاں نثاری اور اخلاص کی بھی کتنی قدر فرمائی کہ چونکہ ان کی خطا بری نیت سے نہ تھی بلکہ اجتہادی طور پر خطا ہوئی تو اللہ تعالیٰ نے ان کی دلجوئی کیلئے ان کی معافی کا اعلان بھی فرمادیا۔

خَبِيْرٌۢ بِمَا تَعْمَلُوْنَ ﴿۱۵۳﴾ ثُمَّ اَنْزَلَ عَلَيْكُمْ

خَبِيْرٌۢ	بِمَا	تَعْمَلُوْنَ ﴿۱۵۳﴾	ثُمَّ	اَنْزَلَ (1)	عَلَيْكُمْ
خبر رکھنے والا	ساتھ جو (اس کی جو)	تم کرتے ہو	پھر	اس نے نازل کیا	تمہارے اوپر

تمہارے اعمال سے خبر دار ہے ○ پھر اس نے تم پر

مِّنْۢ بَعْدِ الْغَمِّ اَمَنَةً نُّعَاسًا يَّغْشٰى طَآئِفَةً

مِّنْۢ	بَعْدِ الْغَمِّ	اَمَنَةً	نُّعَاسًا	يَّغْشٰى	طَآئِفَةً
سے	غم کے بعد	امن، چین	اونگھ (کی صورت میں)	اس نے ڈھانپ لیا	ایک گروہ (کو)

غم کے بعد چین کی نیند اتاری جو تم میں سے ایک گروہ پر

مِّنْكُمْ ۙ وَطَآئِفَةٌ قَدْ اَهَمَّتْهُمْ

مِّنْكُمْ	وَ	طَآئِفَةٌ	قَدْ	اَهَمَّتْهُمْ
تم میں سے	اور	ایک گروہ	تحقیق، بیشک	فکر میں ڈال دیا انہیں (یا) فکر پڑی ہوئی تھی انہیں

چھا گئی اور ایک گروہ وہ تھا جسے اپنی جان کی فکر پڑی ہوئی تھی

اَنْفُسُهُمْ يَظُنُّوْنَ بِاللّٰهِ غَيْرَ الْحَقِّ ظَنَّ الْجَاهِلِيَّةِ ؕ

اَنْفُسُهُمْ	يَظُنُّوْنَ	بِاللّٰهِ	غَيْرَ الْحَقِّ	ظَنَّ الْجَاهِلِيَّةِ
ان کی جانوں (نے، یا) اپنی جانوں (کی)	گمان کرتے تھے	اللہ پر	حق کے علاوہ، ناحق	جاہلیت کا گمان

وہ اللہ پر ناحق گمان کرتے تھے، جاہلیت کے سے گمان۔

يَقُوْلُوْنَ هَلْ لَّنَا مِنَ الْاَمْرِ مِنْ شَيْءٍ ؕ قُلْ

يَقُوْلُوْنَ	هَلْ	لَّنَا	مِنَ	الْاَمْرِ	مِنْ	شَيْءٍ	قُلْ
وہ کہہ رہے تھے	کیا	ہمارے لئے (کوئی اختیار ہے)	سے	(اس) کام	سے	کچھ	تم کہو

وہ کہہ رہے تھے کہ کیا اس معاملے میں کچھ ہمارا بھی اختیار ہے؟ تم فرمادو:

عنوان: غزوۂ احد میں مخلص مومنوں پر چین کی نیند اتار کر خاص کرم نوازی — غزوۂ احد میں منافقوں کی بے صبری اور بد گمانی

(1)...... مذکورہ واقعے میں کافی درس ہیں، جیسے (۱) آزمائش کے وقت ہی کھرے کھوٹے کی پہچان ہوتی ہے۔ (۲) مسلمان صابر جبکہ منافق بے صبرا ہوتا ہے۔ (۳) مسلمان کو سب سے زیادہ فکر دین کی ہوتی جبکہ منافق کو صرف اپنی جان کی فکر ہوتی ہے۔ (۴) مومن ہر حال میں اللہ تعالیٰ پر بھروسہ رکھتا اور اس سے حسنِ ظن رکھتا ہے جبکہ منافق معمولی سی تکلیف پر اللہ تعالیٰ کے بارے بدگمانیوں کا شکار ہو جاتا ہے۔ (۵) وعدۂ الٰہی پر کامل یقین رکھنا کامل ایمان کی نشانی ہے۔ (۶) موت سے فرار ممکن نہیں، جس کی موت جہاں لکھی ہے وہاں آکر ہی رہے گی۔ (۷) منافقوں کے علاوہ غزوۂ احد میں شریک تمام مسلمان اللہ تعالیٰ کے پیارے تھے۔

اِنَّ الْاَمْرَ كُلَّهٗ لِلّٰهِ ؕ یُخْفُوْنَ فِیْۤ اَنْفُسِهِمْ مَّا

مَّا	اَنْفُسِهِمْ	فِیْۤ	یُخْفُوْنَ	لِلّٰهِ	كُلَّهٗ	الْاَمْرَ	اِنَّ
وہ جو	اپنے نفسوں، دلوں	میں	وہ چھپا کر رکھتے ہیں	اللہ کے لئے	سارا	کام (اختیار)	بیشک

کہ اختیار تو سارا اللہ ہی کا ہے۔ یہ اپنے دلوں میں وہ باتیں چھپا کر رکھتے ہیں جو

لَا یُبْدُوْنَ لَكَ ؕ یَقُوْلُوْنَ لَوْ كَانَ لَنَا مِنَ الْاَمْرِ

الْاَمْرِ	مِنَ	لَنَا	كَانَ	لَوْ	یَقُوْلُوْنَ	لَكَ	لَا یُبْدُوْنَ
(اس) کام	سے	ہمارے لئے	ہوتا	اگر	وہ کہتے ہیں	آپ کے لئے	ظاہر نہیں کرتے

آپ پر ظاہر نہیں کرتے۔ کہتے ہیں، اگر ہمیں بھی اس معاملے میں کچھ اختیار

شَیْءٌ مَّا قُتِلْنَا هٰهُنَا ؕ قُلْ لَّوْ كُنْتُمْ فِیْ بُیُوْتِكُمْ

بُیُوْتِكُمْ	فِیْ	كُنْتُمْ	لَّوْ	قُلْ	هٰهُنَا	مَّا قُتِلْنَا	شَیْءٌ
اپنے گھروں	میں	تم ہوتے	اگر	تم فرمادو	یہاں	ہم قتل نہ کئے جاتے	کچھ (یعنی اختیار)

ہوتا تو ہم یہاں نہ مارے جاتے۔ اے حبیب! تم فرمادو کہ اگر تم اپنے گھروں میں بھی ہوتے

لَبَرَزَ الَّذِیْنَ كُتِبَ عَلَیْهِمُ الْقَتْلُ اِلٰى مَضَاجِعِهِمْ ۚ

مَضَاجِعِهِمْ	اِلٰى	الْقَتْلُ	عَلَیْهِمُ	كُتِبَ	الَّذِیْنَ	لَبَرَزَ
اپنی قتل گاہوں	کی طرف	قتل ہونا	ان پر	لکھ دیا گیا	وہ لوگ جو	ضرور نکل کر آجاتے

جب بھی جن کا مارا جانا لکھا جاچکا تھا وہ اپنی قتل گاہوں کی طرف نکل کر آجاتے

وَ لِیَبْتَلِیَ اللّٰهُ مَا فِیْ صُدُوْرِكُمْ وَ لِیُمَحِّصَ

لِیُمَحِّصَ	وَ	صُدُوْرِكُمْ	فِیْ	مَا	اللّٰهُ	لِیَبْتَلِیَ (1)	وَ
تاکہ صاف کردے	اور	تمہارے سینوں (دلوں)	میں	(اس بات کو) جو	اللہ	تاکہ آزمائے	اور

اور اس لئے ہوا کہ اللہ تمہارے دلوں کی بات آزمائے اور جو کچھ تمہارے دلوں میں پوشیدہ ہے

عنوان غزوۂ احد میں پیش آنے والے واقعات کی حکمت

(1)...... یہاں اللہ تعالٰی نے غزوۂ احد میں پیش آنے والے واقعات کی حکمت بیان فرمائی کہ غزوۂ اُحد میں جو کچھ ہوا وہ اس لئے ہوا کہ اللہ عَزَّوَجَلَّ تمہارے دلوں کے اخلاص یا منافقت کو آزمائے اور جو کچھ تمہارے دلوں میں پوشیدہ ہے اسے سب کے سامنے کھول کر رکھ دے۔

مَا فِیْ قُلُوْبِكُمْ ؕ وَ اللّٰهُ عَلِیْمٌۢ بِذَاتِ الصُّدُوْرِ ﴿۱۵۴﴾

مَا	فِیْ	قُلُوْبِكُمْ	وَ	اللّٰهُ	عَلِیْمٌۢ	بِذَاتِ الصُّدُوْرِ ﴿۱۵۴﴾
(اسے) جو	میں	تمہارے دلوں	اور	اللہ	جاننے والا	سینوں والی (بات) کو

اسے کھول کر رکھ دے اور اللہ دلوں کی بات جانتا ہے ○

اِنَّ الَّذِیْنَ تَوَلَّوْا مِنْكُمْ یَوْمَ الْتَقَى الْجَمْعٰنِ ۙ

اِنَّ	الَّذِیْنَ	تَوَلَّوْا	مِنْكُمْ	یَوْمَ	الْتَقَى	الْجَمْعٰنِ
بیشک	وہ لوگ جو (جنہوں نے)	منہ پھیر دیا	تم میں سے	(اس) دن	(جب) ملیں	دو جماعتیں

بیشک تم میں سے وہ لوگ جو اس دن بھاگ گئے جس دن دونوں فوجوں کا مقابلہ ہوا،

اِنَّمَا اسْتَزَلَّهُمُ الشَّیْطٰنُ بِبَعْضِ مَا كَسَبُوْا ۚ وَ

اِنَّمَا	اسْتَزَلَّهُمُ	الشَّیْطٰنُ	بِبَعْضِ	مَا كَسَبُوْا	وَ
صرف	پھسلا دیا انہیں	شیطان (نے)	بعض (اعمال) کی وجہ سے	جو انہوں نے کمائے، کئے	اور

انہیں شیطان ہی نے ان کے بعض اعمال کی وجہ سے لغزش میں مبتلا کیا اور

لَقَدْ عَفَا اللّٰهُ عَنْهُمْ ؕ اِنَّ اللّٰهَ غَفُوْرٌ حَلِیْمٌ ﴿۱۵۵﴾ ع

لَقَدْ	عَفَا (1)	اللّٰهُ	عَنْهُمْ	اِنَّ	اللّٰهَ	غَفُوْرٌ	حَلِیْمٌ ﴿۱۵۵﴾
ضرور بیشک	معاف کر دیا	اللہ (نے)	ان سے	بیشک	اللہ	بخشنے والا	حلم والا

بیشک اللہ نے انہیں معاف فرما دیا ہے، بیشک اللہ بڑا بخشنے والا، بڑا حلم والا ہے ○

یٰۤاَیُّهَا الَّذِیْنَ اٰمَنُوْا لَا تَكُوْنُوْا كَالَّذِیْنَ كَفَرُوْا وَ

یٰۤاَیُّهَا	الَّذِیْنَ	اٰمَنُوْا	لَا تَكُوْنُوْا	كَالَّذِیْنَ	كَفَرُوْا	وَ
اے	وہ لوگو جو	ایمان لائے	نہ ہونا	ان لوگوں کی طرح جو (جنہوں نے)	کفر کیا	اور

اے ایمان والو! ان کافروں کی طرح نہ ہونا جنہوں نے

عنوان: غزوۂ احد میں مسلمانوں سے ہونے والی لغزش اور ان کی معافی کا اعلان | جہاد سے نفرت دلانے میں منافقوں کی کوشش اور مسلمانوں کو ان سے بچنے کا حکم

(1) ...... جنگِ احد میں چودہ اصحاب رَضِیَ اللہُ تَعَالٰی عَنْھُم کے سوا باقی تمام اصحاب رَضِیَ اللہُ تَعَالٰی عَنْھُم کے قدم اکھڑ گئے تھے اور خصوصاً وہ حضرات جنہیں نبی کریم صَلَّی اللہُ تَعَالٰی عَلَیْہِ وَاٰلِہٖ وَسَلَّم نے پہاڑی مورچے پر ڈٹے رہنے کا حکم دیا تھا لیکن وہ ثابت قدم نہ رہ سکے۔ ان حضرات سے یہ لغزش ضرور سرزد ہوئی لیکن چونکہ وہ کامل الایمان، مخلص مومن اور حضور صَلَّی اللہُ تَعَالٰی عَلَیْہِ وَاٰلِہٖ وَسَلَّم کے سچے غلام تھے اور آگے پیچھے کئی مواقع پر یہی حضور صَلَّی اللہُ تَعَالٰی عَلَیْہِ وَاٰلِہٖ وَسَلَّم پر اپنی جانیں قربان کرنے والے تھے، اس لئے اللہ تعالیٰ نے قرآن میں ان کی معافی کا اعلان فرما دیا تا کہ اگر ان کی لغزش سامنے آئے تو بارگاہِ الٰہی میں ان کی عظمت بھی سامنے رہے۔

قَالُوْا لِاِخْوَانِهِمْ اِذَا ضَرَبُوْا فِي الْاَرْضِ اَوْ كَانُوْا غُزًّى

قَالُوْا	لِاِخْوَانِهِمْ	اِذَا	ضَرَبُوْا	فِي الْاَرْضِ	اَوْ	كَانُوْا	غُزًّى
انہوں نے کہا	اپنے بھائیوں سے	جب	وہ چلے	زمین میں	یا	وہ تھے	جہاد کرنے والے

اپنے بھائیوں کے بارے میں کہا جب وہ سفر میں یا جہاد میں گئے

لَّوْ كَانُوْا عِنْدَنَا مَا مَاتُوْا وَمَا قُتِلُوْا ۚ لِيَجْعَلَ اللّٰهُ

لَّوْ	كَانُوْا	عِنْدَنَا	مَا مَاتُوْا	وَ	مَا قُتِلُوْا	لِيَجْعَلَ	اللّٰهُ
اگر	وہ ہوتے	ہمارے پاس	(تو) نہ مرتے	اور	نہ قتل کئے جاتے	تاکہ بنادے	اللہ

کہ اگر یہ ہمارے پاس ہوتے تو نہ مرتے اور نہ قتل کئے جاتے۔ (ان کی طرح یہ نہ کہو) تاکہ اللہ

ذٰلِكَ حَسْرَةً فِيْ قُلُوْبِهِمْ ؕ وَاللّٰهُ يُحْيٖ وَيُمِيْتُ ؕ

ذٰلِكَ	حَسْرَةً	فِيْ	قُلُوْبِهِمْ	وَ	اللّٰهُ	يُحْيٖ	وَ	يُمِيْتُ
اس (بات کو)	حسرت	میں	ان کے دلوں	اور	اللہ	زندہ کرتا ہے	اور	موت دیتا ہے

ان کے دلوں میں اس بات کا افسوس ڈال دے اور اللہ ہی زندہ رکھتا اور مارتا ہے

وَاللّٰهُ بِمَا تَعْمَلُوْنَ بَصِيْرٌ ﴿١٥٦﴾ وَلَئِنْ قُتِلْتُمْ

وَ	اللّٰهُ	بِمَا	تَعْمَلُوْنَ	بَصِيْرٌ ﴿١٥٦﴾	وَ	لَئِنْ	قُتِلْتُمْ (1)
اور	اللہ	ساتھ جو (اسے جو)	تم کرتے ہو	دیکھنے والا	اور	ضرور اگر	تم قتل کردیئے جاؤ

اور اللہ تمہارے تمام اعمال کو خوب دیکھ رہا ہے ○ اور بیشک اگر تم اللہ کی راہ میں

فِيْ سَبِيْلِ اللّٰهِ اَوْ مُتُّمْ لَمَغْفِرَةٌ مِّنَ اللّٰهِ وَرَحْمَةٌ

فِيْ	سَبِيْلِ اللّٰهِ	اَوْ	مُتُّمْ	لَمَغْفِرَةٌ	مِّنَ	اللّٰهِ	وَ	رَحْمَةٌ
میں	اللہ کی راہ	یا	انتقال کر جاؤ	ضرور مغفرت، بخشش	کی طرف سے	اللہ	اور	رحمت

شہید کردیے جاؤ یا مر جاؤ تو اللہ کی بخشش اور رحمت اس دنیا سے

عنوان: راہِ خدا میں آنے والی موت رحمت و مغفرت کا سبب ہوگی

(1)...... راہِ خدا میں شہادت ہو جائے یا طبعی موت آجائے تو یہ موت مغفرت و رحمت کا سبب ہوگی اور ایسی موت دنیا کے دھن دولت سے بہتر ہے۔ دورانِ جہاد موت و شہادت اور عبادت یا ذکر یا علمی خدمت یا تبلیغ دین کرتے ہوئے جو موت آئے وہ بھی راہِ خدا میں موت ہے۔

خَيْرٌ مِّمَّا يَجْمَعُوْنَ ﴿۱۵۷﴾ وَلَئِنْ مُّتُّمْ اَوْ

خَيْرٌ	مِّمَّا	يَجْمَعُوْنَ ﴿۱۵۷﴾	وَ	لَئِنْ	مُّتُّمْ	اَوْ
زیادہ بہتر ہے	(اس) سے جو	وہ جمع کر رہے ہیں	اور	ضرور اگر	تم انتقال کر جاؤ	یا

بہتر ہے جو یہ جمع کر رہے ہیں ○ اور اگر تم مر جاؤ یا

قُتِلْتُمْ لَاِلَى اللّٰهِ تُحْشَرُوْنَ ﴿۱۵۸﴾ فَبِمَا رَحْمَةٍ

قُتِلْتُمْ	لَاِلَى اللّٰهِ	تُحْشَرُوْنَ ﴿۱۵۸﴾	فَبِمَا	رَحْمَةٍ (1)
قتل کر دیئے جاؤ	ضرور اللہ کی طرف	تم اکٹھے کئے جاؤ گے	تو (اس کے) سبب جو	بڑی رحمت

مارے جاؤ (بہر حال) تمہیں اللہ کی بارگاہ میں جمع کیا جائے گا ○ تو اے حبیب! اللہ کی کتنی بڑی

مِّنَ اللّٰهِ لِنْتَ لَهُمْ ۚ وَلَوْ كُنْتَ فَظًّا

مِّنَ	اللّٰهِ	لِنْتَ	لَهُمْ	وَ	لَوْ	كُنْتَ	فَظًّا
کی طرف سے	اللہ	تم نرم دل ہوئے	ان کے لئے	اور	اگر	تم ہوتے	ترش مزاج

مہربانی ہے کہ آپ ان کے لئے نرم دل ہیں اور اگر آپ تُرش مزاج،

غَلِيْظَ الْقَلْبِ لَانْفَضُّوْا مِنْ حَوْلِكَ ۠ فَاعْفُ عَنْهُمْ

غَلِيْظَ الْقَلْبِ	لَانْفَضُّوْا	مِنْ	حَوْلِكَ	فَاعْفُ	عَنْهُمْ
دل کے سخت	(تو) ضرور وہ منتشر ہو جاتے	سے	تمہارے اردگرد	تو معاف کرو	ان سے

سخت دل ہوتے تو یہ لوگ ضرور آپ کے پاس سے بھاگ جاتے تو آپ ان کو معاف فرماتے رہو

وَاسْتَغْفِرْ لَهُمْ وَشَاوِرْهُمْ فِي الْاَمْرِ ۚ فَاِذَا

وَ	اسْتَغْفِرْ	لَهُمْ	وَ	شَاوِرْهُمْ (2)	فِي	الْاَمْرِ	فَاِذَا
اور	مغفرت طلب کرو	ان کے لئے	اور	مشورہ کرو ان سے	میں	کام	پھر جب

اور ان کی مغفرت کی دعا کرتے رہو اور کاموں میں ان سے مشورہ لیتے رہو پھر جب

عنوان: مرنے کے بعد تمام لوگ بارگاہِ الٰہی میں جمع ہوں گے — نبی اکرم صَلَّی اللّٰہُ تَعَالٰی عَلَیْہِ وَاٰلِہٖ وَسَلَّم کے اخلاق کریمہ — اہم کاموں میں مشورہ لینے اور اللہ تعالیٰ پر بھروسہ کرنے کا حکم

1 ...... نرمی و شفقت اعلیٰ انسانی اخلاق ہیں، سخت دل اور ترش مزاج سے لوگ دور ہوتے ہیں جبکہ کریم و شفیق آدمی کے قریب ہوتے ہیں۔ رسول اللہ صَلَّی اللّٰہُ تَعَالٰی عَلَیْہِ وَاٰلِہٖ وَسَلَّم اللہ تعالیٰ کے فضل و کرم سے سراپا رحمت و شفقت اور مجسمِ اخلاق تھے۔

2 ...... مشورہ لینا سنت ہے اور مشورے میں برکت ہوتی ہے۔

عَزَمْتَ فَتَوَكَّلْ عَلَى اللّٰهِ ؕ اِنَّ اللّٰهَ يُحِبُّ

عَزَمْتَ	فَتَوَكَّلْ	عَلَى	اللّٰهِ	اِنَّ	اللّٰهَ	يُحِبُّ
تم پختہ ارادہ کرلو	تو بھروسہ کرو	پر	اللہ	بیشک	اللہ	پسند فرماتا ہے

کسی بات کا پختہ ارادہ کرلو تو اللہ پر بھروسہ کرو بیشک اللہ توکل کرنے والوں سے

الْمُتَوَكِّلِيْنَ ﴿١٥٩﴾ اِنْ يَّنْصُرْكُمُ اللّٰهُ فَلَا غَالِبَ

الْمُتَوَكِّلِيْنَ ﴿١٥٩﴾	اِنْ	يَّنْصُرْكُمُ (1)	اللّٰهُ	فَلَا غَالِبَ
توکل کرنے والوں (کو)	اگر	مدد کرے تمہاری	اللہ	تو نہیں کوئی غالب آنے والا

محبت فرماتا ہے ۞ اگر اللہ تمہاری مدد کرے تو کوئی تم پر غالب نہیں

لَكُمْ ۚ وَاِنْ يَّخْذُلْكُمْ فَمَنْ ذَا الَّذِيْ يَنْصُرُكُمْ

لَكُمْ	وَ	اِنْ	يَّخْذُلْكُمْ	فَمَنْ	ذَا	الَّذِيْ	يَنْصُرُكُمْ
تمہارے لئے (تم پر)	اور	اگر	مدد چھوڑ دے تمہاری	تو کون	وہ	جو	مدد کرے تمہاری

آسکتا اور اگر وہ تمہیں چھوڑ دے تو پھر اس کے بعد کون تمہاری مدد

مِّنْۢ بَعْدِهٖ ؕ وَعَلَى اللّٰهِ فَلْيَتَوَكَّلِ الْمُؤْمِنُوْنَ ﴿١٦٠﴾ وَ

مِّنْ	بَعْدِهٖ	وَ	عَلَى	اللّٰهِ	فَلْيَتَوَكَّلِ	الْمُؤْمِنُوْنَ ﴿١٦٠﴾	وَ
سے	اس کے بعد	اور	پر	اللہ	تو چاہئے کہ بھروسہ کریں	ایمان والے	اور

کر سکتا ہے؟ اور مسلمانوں کو اللہ ہی پر بھروسہ کرنا چاہئے ۞ اور

مَا كَانَ لِنَبِيٍّ اَنْ يَّغُلَّ ؕ وَمَنْ يَّغْلُلْ

مَا كَانَ	لِنَبِيٍّ	اَنْ	يَّغُلَّ (2)	وَ	مَنْ	يَّغْلُلْ
(ممکن) نہیں ہے	کسی نبی کے لئے	کہ	وہ خیانت کرے	اور	جو	خیانت کرے گا

کسی نبی کا خیانت کرنا ممکن ہی نہیں اور جو خیانت کرے

عنوان: مسلمانوں کو اللہ تعالیٰ پر ہی بھروسہ کرنا چاہئے — نبی کا خیانت کرنا محال ہے — خیانت کی مذمت

(1)...... یہاں بیان کردہ دونوں باتیں غزوۂ بدر و حنین سے واضح ہو جاتی ہیں۔ غزوۂ بدر میں کفار کا لشکر تعداد، اسلحہ اور جنگی طاقت کے اعتبار سے مسلمانوں سے زیادہ تھا لیکن مسلمانوں کا پورا بھروسہ اللہ تعالیٰ کی ذات پر تھا جس کا نتیجہ مسلمانوں کی فتح و کامرانی کی شکل میں ظاہر ہوا اور فرشتوں کی صورت میں مددِ الٰہی نازل ہوئی جبکہ غزوۂ حنین میں بعض مسلمانوں کے اپنی عددی کثرت پر فخر کے نتیجے میں مسلمانوں کو سخت نقصان اٹھانا پڑا۔ (2)...... نبی عَلَیْہِ الصَّلٰوۃُ وَالسَّلَام کا خیانت کرنا ممکن نہیں کیونکہ یہ شانِ نبوت کے خلاف ہے نیز انبیاء عَلَیْہِمُ الصَّلٰوۃُ وَالسَّلَام گناہوں سے معصوم ہوتے ہیں لہٰذا اُن سے ایسا ممکن نہیں۔

يَاْتِ بِمَا غَلَّ يَوْمَ الْقِيٰمَةِ ۚ ثُمَّ تُوَفّٰى

يَاْتِ	بِمَا	غَلَّ	يَوْمَ الْقِيٰمَةِ	ثُمَّ	تُوَفّٰى
وہ آئے گا	(اس کے) ساتھ جو	اس نے خیانت کی	قیامت کے دن	پھر	پورا دیا جائے گا (بدلہ)

تو وہ قیامت کے دن اس چیز کو لے کر آئے گا جس میں اس نے خیانت کی ہوگی پھر

كُلُّ نَفْسٍ مَّا كَسَبَتْ وَهُمْ لَا يُظْلَمُوْنَ ﴿١٦١﴾

كُلُّ نَفْسٍ	مَّا	كَسَبَتْ	وَ	هُمْ	لَا يُظْلَمُوْنَ ﴿١٦١﴾
ہر جان (کو)	(اس کا) جو	اس نے کمایا (عمل کیا)	اور	وہ	ان پر ظلم نہیں ہوگا

ہر شخص کو اس کے اعمال کا پورا پورا بدلہ دیا جائے گا اور ان پر ظلم نہیں کیا جائے گا ○

اَفَمَنِ اتَّبَعَ رِضْوَانَ اللّٰهِ كَمَنْۢ بَآءَ بِسَخَطٍ

اَفَمَنِ	اتَّبَعَ (1)	رِضْوَانَ اللّٰهِ	كَمَنْ	بَآءَ	بِسَخَطٍ
کیا تو جو	پیچھے چلا	اللہ کی رضامندی (کے)	(اس) کی طرح جو	لوٹا	غضب، ناراضی کے ساتھ

کیا وہ شخص جو اللہ کی خوشنودی کے پیچھے چلا وہ اس شخص کی طرح ہے جو اللہ کے غضب کا

مِّنَ اللّٰهِ وَمَاْوٰىهُ جَهَنَّمُ ؕ وَبِئْسَ الْمَصِيْرُ ﴿١٦٢﴾ هُمْ

مِّنَ	اللّٰهِ	وَ	مَاْوٰىهُ	جَهَنَّمُ	وَ	بِئْسَ	الْمَصِيْرُ ﴿١٦٢﴾	هُمْ
کی طرف سے	اللہ	اور	اس کا ٹھکانہ	جہنم	اور	کیا ہی بری	پلٹنے کی جگہ، ٹھکانہ	ان کے

مستحق ہوا اور اس کا ٹھکانہ جہنم ہو؟ اور وہ کیا ہی برا ٹھکانہ ہے ○ لوگوں کے

دَرَجٰتٌ عِنْدَ اللّٰهِ ؕ وَاللّٰهُ بَصِيْرٌۢ بِمَا

دَرَجٰتٌ	عِنْدَ اللّٰهِ	وَ	اللّٰهُ	بَصِيْرٌ	بِمَا
(مختلف) درجات (ہیں)	اللہ کے پاس (کی بارگاہ میں)	اور	اللہ	دیکھنے والا	ساتھ جو (اسے جو)

اللہ کی بارگاہ میں مختلف درجات ہیں اور اللہ ان کے تمام

عنوان: رضائے الٰہی کا طالب اور اللہ تعالیٰ کی ناراضی کا مستحق دونوں برابر نہیں

(1)...... اللہ تعالیٰ کی رضا کا طالب اور اللہ تعالیٰ کی ناراضگی کا مستحق دونوں برابر نہیں ہوسکتے۔ کہاں وہ جو اللہ عَزَّوَجَلَّ سے سچی محبت کرنے والا، اس کی اطاعت کرنے والا، اس کی خوشنودی کیلئے سب کچھ قربان کردینے والا جیسے صحابہ کرام رَضِیَ اللّٰہُ تَعَالٰی عَنْہُم اور ان کے بعد کے صالحین اور کہاں اللہ تعالیٰ کی نافرمانی کرنے والا، اس کے احکام سے منہ موڑنے والا، اس کی ناراضی کی پرواہ نہ کرنے والا اور اپنی خواہش کو رب عَزَّوَجَلَّ کی رضا پر ترجیح دینے والا جیسے کفار و منافقین اور ان کے پیروکار نافرمان لوگ، یہ دونوں برابر کیسے ہوسکتے ہیں؟

يَعْمَلُوْنَ ﴿۱۶۳﴾ لَقَدْ مَنَّ اللّٰهُ عَلَى الْمُؤْمِنِيْنَ اِذْ بَعَثَ

يَعْمَلُوْنَ ﴿۱۶۳﴾	لَقَدْ	مَنَّ (1)	اللّٰهُ	عَلَى	الْمُؤْمِنِيْنَ	اِذْ	بَعَثَ
وہ کرتے ہیں	ضرور بیشک	احسان فرمایا	اللہ (نے)	پر	ایمان والوں	جب	بھیجا

اعمال کو دیکھ رہا ہے ○ بیشک اللہ نے ایمان والوں پر بڑا احسان فرمایا جب

فِيْهِمْ رَسُوْلًا مِّنْ اَنْفُسِهِمْ يَتْلُوْا عَلَيْهِمْ

فِيْهِمْ	رَسُوْلًا	مِّنْ	اَنْفُسِهِمْ	يَتْلُوْا	عَلَيْهِمْ
ان میں	ایک رسول	سے	ان کی جانوں	تلاوت کرتا ہے	ان پر (ان کے سامنے)

ان میں ایک رسول مَبعوث فرمایا جو انہی میں سے ہے۔ وہ ان کے سامنے اللہ کی آیتیں

اٰيٰتِهٖ وَيُزَكِّيْهِمْ وَيُعَلِّمُهُمُ الْكِتٰبَ وَالْحِكْمَةَ ۚ

اٰيٰتِهٖ	وَ	يُزَكِّيْهِمْ	وَ	يُعَلِّمُهُمُ	الْكِتٰبَ	وَ	الْحِكْمَةَ
اس کی آیتیں	اور	پاک کرتا ہے انہیں	اور	سکھاتا ہے انہیں	کتاب	اور	حکمت

تلاوت فرماتا ہے اور انہیں پاک کرتا ہے اور انہیں کتاب اور حکمت کی تعلیم دیتا ہے

وَاِنْ كَانُوْا مِنْ قَبْلُ لَفِيْ ضَلٰلٍ مُّبِيْنٍ ﴿۱۶۴﴾ اَوَ

وَاِنْ	كَانُوْا	مِنْ	قَبْلُ	لَفِيْ	ضَلٰلٍ	مُّبِيْنٍ ﴿۱۶۴﴾	اَوَ
اگرچہ	وہ لوگ تھے	سے	(اس سے) پہلے	ضرور میں	گمراہی	کھلی	کیا اور

اگرچہ یہ لوگ اس سے پہلے یقیناً کھلی گمراہی میں پڑے ہوئے تھے ○ کیا

لَمَّاۤ اَصَابَتْكُمْ مُّصِيْبَةٌ قَدْ اَصَبْتُمْ مِّثْلَيْهَا ۙ

لَمَّاۤ	اَصَابَتْكُمْ	مُّصِيْبَةٌ	قَدْ	اَصَبْتُمْ	مِّثْلَيْهَا
جب کبھی	پہنچی تمہیں	کوئی مصیبت، تکلیف	بیشک	تم نے پہنچادی	اس سے دگنی

جب تمہیں کوئی ایسی تکلیف پہنچی جس سے دگنی تکلیف تم پہنچا چکے تھے

عنوان: رسول اللہ صَلَّی اللّٰہُ تَعَالٰی عَلَیْہِ وَاٰلِہٖ وَسَلَّم مسلمانوں پر اللہ تعالیٰ کا عظیم احسان ہیں | میدانِ احد میں مسلمانوں کو تکلیف پہنچنے کا سبب اور اس کی ایک حکمت

(1)...... عربی میں مَنّت عظیم نعمت کو کہتے ہیں۔ مراد یہ کہ اللہ تعالیٰ نے عظیم احسان فرمایا کہ انہیں اپنا سب سے عظیم رسول عطا فرمایا۔ کیسا عظیم رسول عطا فرمایا کہ جو دنیا و آخرت کی ہر نعمت و خیر کا ذریعہ ہیں، جنہوں نے انداز بندگی اور آداب زندگی سکھائے، اللہ تعالیٰ کی معرفت عطا فرمائی اور قرآن جیسی نعمت سے نوازا۔

قُلْتُمْ اَنّٰى هٰذَا ؕ قُلْ هُوَ مِنْ عِنْدِ اَنْفُسِكُمْ ؕ

قُلْتُمْ	اَنّٰى	هٰذَا	قُلْ	هُوَ	مِنْ	عِنْدِ اَنْفُسِكُمْ
تم نے کہا	کہاں سے (آئی)	یہ	تم کہو	وہ	سے	تمہاری جانوں کے پاس (سے آئی)

تو تم کہنے لگے کہ یہ کہاں سے آگئی؟ اے حبیب! تم فرمادو کہ اے لوگو! یہ تمہاری اپنی ہی طرف سے آئی ہے۔

اِنَّ اللّٰهَ عَلٰى كُلِّ شَیْءٍ قَدِیْرٌ ﴿۱۶۵﴾ وَ مَاۤ اَصَابَكُمْ

اِنَّ	اللّٰهَ	عَلٰى كُلِّ شَیْءٍ	قَدِیْرٌ ﴿۱۶۵﴾	وَ	مَاۤ	اَصَابَكُمْ
بیشک	اللہ	ہر چیز پر	قدرت والا (ہے)	اور	جو (تکلیف)	پہنچی تمہیں

بیشک اللہ ہر شے پر قادر ہے ○ اور دو گروہوں کے

یَوْمَ الْتَقَى الْجَمْعٰنِ فَبِاِذْنِ اللّٰهِ وَ

یَوْمَ	الْتَقَى	الْجَمْعٰنِ	فَبِاِذْنِ اللّٰهِ	وَ
(جس) دن	ملے (مقابلے میں آئے)	دو گروہ	تو (وہ) اللہ کے حکم سے (تھا)	اور

مقابلے کے دن تمہیں جو تکلیف پہنچی تو وہ اللہ کے حکم سے تھی اور

لِیَعْلَمَ الْمُؤْمِنِیْنَ ﴿۱۶۶﴾ لا وَ لِیَعْلَمَ الَّذِیْنَ

لِیَعْلَمَ	الْمُؤْمِنِیْنَ ﴿۱۶۶﴾	وَ	لِیَعْلَمَ	الَّذِیْنَ
(اس لئے تھا) کہ ظاہر کردے	ایمان والوں (کو)	اور	(اس لئے تھا) کہ ظاہر کردے	ان لوگوں کو جو

اس لئے (پہنچی) کہ اللہ ایمان والوں کی پہچان کرادے ○ اور اس لئے (پہنچی) کہ اللہ منافقوں کی

نَافَقُوْا ۚۖ وَ قِیْلَ لَهُمْ تَعَالَوْا قَاتِلُوْا فِیْ سَبِیْلِ اللّٰهِ اَوِ

نَافَقُوْا (1)	وَ	قِیْلَ	لَهُمْ	تَعَالَوْا	قَاتِلُوْا	فِیْ	سَبِیْلِ اللّٰهِ	اَوِ
منافق ہوئے	اور	کہا گیا	ان سے	آؤ	جنگ کرو	میں	اللہ کی راہ	یا

پہچان کرادے اور (جب) ان سے کہا گیا کہ آؤ اللہ کی راہ میں جہاد کرو یا

عنوان: غزوۂ احد میں نقصان اٹھانے کی دوسری حکمت: مسلمانوں اور منافقوں کو ممتاز کرنا | منافقوں کا راہِ خدا میں جہاد اور مسلمانوں کی مدد نہ کرنا

(1)…… یہاں غزوۂ احد میں مسلمانوں کے نقصان اٹھانے کی متعدد حکمتوں میں سے ایک حکمت کو بیان فرمایا کہ مسلمانوں اور منافقوں کے درمیان امتیاز ظاہر کردیا گیا۔

اِدْفَعُوْا ؕ قَالُوْا لَوْ نَعْلَمُ قِتَالًا

قِتَالًا	نَعْلَمُ	لَوْ	قَالُوْا	اِدْفَعُوْا
لڑائی کرنا	ہم جانتے	اگر	انہوں نے کہا	(دشمنوں کو) دور کرو، دفاع کرو

دشمنوں سے دفاع کرو تو کہنے لگے: اگر ہم اچھے طریقے سے لڑنا جانتے (یا کہنے لگے کہ اگر ہم اس لڑائی کو صحیح سمجھتے)

لَّاتَّبَعْنٰكُمْ ؕ هُمْ لِلْكُفْرِ یَوْمَىٕذٍ اَقْرَبُ

اَقْرَبُ	یَوْمَىٕذٍ	لِلْكُفْرِ	هُمْ	لَّاتَّبَعْنٰكُمْ
زیادہ قریب تھے	اس دن	کفر کے	وہ	(تو) ضرور ہم پیروی کرتے تمہاری

تو ضرور تمہارا ساتھ دیتے، یہ لوگ اس دن ظاہری ایمان کی نسبت

مِنْهُمْ لِلْاِیْمَانِ ۚ یَقُوْلُوْنَ بِاَفْوَاهِهِمْ مَّا

مَّا	بِاَفْوَاهِهِمْ	یَقُوْلُوْنَ	لِلْاِیْمَانِ	مِنْهُمْ
وہ (بات) جو	اپنے مونہوں سے	وہ کہتے ہیں	ایمان کے	(بنسبت) اپنے (زیادہ قریب ہونے) سے

کھلے کفر کے زیادہ قریب تھے۔ اپنے منہ سے وہ باتیں کہتے ہیں جو

لَیْسَ فِیْ قُلُوْبِهِمْ ؕ وَ اللّٰهُ اَعْلَمُ بِمَا یَكْتُمُوْنَ ۚ﴿۱۶۷﴾

یَكْتُمُوْنَ ﴿۱۶۷﴾	بِمَا	اَعْلَمُ	اللّٰهُ	وَ	قُلُوْبِهِمْ	فِیْ	لَیْسَ
وہ چھپاتے ہیں	ساتھ جو (اسے جو)	زیادہ جانتا ہے	اللہ	اور	ان کے دلوں	میں	نہیں ہے

ان کے دلوں میں نہیں ہیں اور اللہ بہتر جانتا ہے جو باتیں یہ چھپا رہے ہیں ○

اَلَّذِیْنَ قَالُوْا لِاِخْوَانِهِمْ وَ قَعَدُوْا لَوْ

لَوْ	قَعَدُوْا	وَ	لِاِخْوَانِهِمْ	قَالُوْا (1)	اَلَّذِیْنَ
اگر	(خود) بیٹھے رہے	اور (حالانکہ)	اپنے بھائیوں کے بارے	کہا	وہ لوگ جو (جنہوں نے)

وہ جنہوں نے اپنے بھائیوں کے بارے میں کہا اور خود بیٹھے رہے کہ اگر

عنوان: جہاد میں شرکت نہ کرنا موت سے نہیں بچاسکتا

(1)..... منافقین نے احد میں شہید ہونے والوں کے بارے میں کہا کہ اگر یہ لوگ ہماری بات مان لیتے اور ہماری طرح گھر بیٹھے رہتے تو مارے نہ جاتے۔ ان کے جواب میں فرمایا گیا کہ اگر تم سچے ہو تو اپنے سے موت کو دور کر کے تو دکھاؤ۔ یقیناً موت تو بہر حال آکر ہی رہے گی خواہ آدمی گھر میں چھپ کر بیٹھ جائے، تو یہ کہنا سراسر غلط ہے کہ اگر لوگ ہماری بات مان کر جہاد میں نہ جاتے تو نہ مارے جاتے۔

اَطَاعُوْنَا مَا قُتِلُوْا ؕ قُلْ فَادْرَءُوْا عَنْ اَنْفُسِكُمُ

اَطَاعُوْنَا	مَا قُتِلُوْا	قُلْ	فَادْرَءُوْا	عَنْ	اَنْفُسِكُمُ
وہ بات مانتے ہماری	(تو) نہ قتل کئے جاتے	تم کہو	پس تم دور کر دو، ٹال دو	سے	اپنی جانوں

وہ ہماری بات مان لیتے تو نہ مارے جاتے۔ اے حبیب! تم فرمادو اگر تم سچے ہو تو اپنے سے

الْمَوْتَ اِنْ كُنْتُمْ صٰدِقِيْنَ ﴿۱۶۸﴾ وَلَا تَحْسَبَنَّ الَّذِيْنَ قُتِلُوْا

الْمَوْتَ	اِنْ	كُنْتُمْ	صٰدِقِيْنَ ﴿۱۶۸﴾	وَ	لَا تَحْسَبَنَّ (1)	الَّذِيْنَ	قُتِلُوْا
موت	اگر	تم ہو	سچے	اور	ہرگز گمان نہ کرنا	ان لوگوں کو جو	قتل کئے گئے

موت دور کر کے دکھادو ○ اور جو اللہ کی راہ میں شہید کئے گئے

فِیْ سَبِيْلِ اللّٰهِ اَمْوَاتًا ؕ بَلْ اَحْيَآءٌ عِنْدَ رَبِّهِمْ يُرْزَقُوْنَ ﴿۱۶۹﴾ ۙ

فِیْ	سَبِيْلِ اللّٰهِ	اَمْوَاتًا	بَلْ	اَحْيَآءٌ	عِنْدَ رَبِّهِمْ	يُرْزَقُوْنَ ﴿۱۶۹﴾
میں	اللہ کی راہ	مردے	بلکہ	(وہ) زندہ (ہیں)	اپنے رب کے پاس	انہیں رزق دیا جاتا ہے

ہرگز انہیں مردہ خیال نہ کرنا بلکہ وہ اپنے رب کے پاس زندہ ہیں، انہیں رزق دیا جاتا ہے ○

فَرِحِيْنَ بِمَآ اٰتٰىهُمُ اللّٰهُ مِنْ فَضْلِهٖ ۙ وَ

فَرِحِيْنَ	بِمَآ	اٰتٰىهُمُ	اللّٰهُ	مِنْ	فَضْلِهٖ	وَ
خوش (ہیں)	ساتھ جو (اس پر جو)	دیا انہیں	اللہ (نے)	سے	اپنے فضل	اور

(وہ) اس پر خوش ہیں جو اللہ نے انہیں اپنے فضل سے دیا ہے اور

يَسْتَبْشِرُوْنَ بِالَّذِيْنَ لَمْ يَلْحَقُوْا بِهِمْ مِّنْ

يَسْتَبْشِرُوْنَ	بِالَّذِيْنَ	لَمْ يَلْحَقُوْا	بِهِمْ	مِّنْ
خوش ہوتے ہیں	ان لوگوں پر جو	(ابھی) نہیں ملے	ان کے ساتھ	سے

اپنے پیچھے (رہ جانے والے) اپنے بھائیوں پر بھی خوش ہیں جو ابھی ان سے

عنوان شہداء کی عظمت و شان اور ان پر اللہ تعالیٰ کی کرم نوازیاں

1 ...... یہاں سے متعدد آیات میں شہداء کے فضائل بیان ہوئے ہیں، جیسے انہیں مردہ گمان کرنا منع ہے کیونکہ وہ زندہ ہیں، اللہ عَزَّوَجَلَّ کے قرب میں ہیں، انہیں رزق ملتا ہے، وہ بہت خوش باش ہیں، وہ اللہ تعالیٰ کے فضل و کرم، انعام و احسان، اعزاز و اکرام اور موت کے بعد اعلیٰ قسم کی زندگی دیئے جانے پر خوش ہیں، اور وہ اس بات پر بھی خوشی منا رہے ہیں کہ ان کے بعد دنیا میں رہ جانے والے ان کے مسلمان بھائی دنیا میں ایمان اور تقویٰ پر قائم ہیں اور شہادت کے بعد وہ بھی اِن کرم نوازیوں کو پائیں گے اور قیامت کے دن انہیں امن اور چین کے ساتھ اٹھایا جائے گا۔

خَلْفِهِمْ ۙ اَلَّا خَوْفٌ عَلَیْهِمْ وَ لَا هُمْ یَحْزَنُوْنَ ﴿۱۷۰﴾

خَلْفِهِمْ	اَلَّا	خَوْفٌ	عَلَیْهِمْ	وَ	لَا	هُمْ	یَحْزَنُوْنَ ﴿۱۷۰﴾
اپنے پیچھے (رہ جانے والے)	کہ نہیں	کوئی خوف	ان پر	اور	نہ	وہ	غمگین ہوں گے

نہیں ملے کہ ان پر نہ کوئی خوف ہے اور نہ وہ غمگین ہوں گے ○

یَسْتَبْشِرُوْنَ بِنِعْمَةٍ مِّنَ اللّٰهِ وَ فَضْلٍ ۙ وَّ اَنَّ اللّٰهَ

یَسْتَبْشِرُوْنَ	بِنِعْمَةٍ	مِّنَ	اللّٰهِ	وَ	فَضْلٍ	وَّ	اَنَّ	اللّٰهَ
خوشیاں منارہے ہیں	نعمت کی	کی طرف سے	اللہ	اور	فضل (کی)	اور	(اس پر) کہ	اللہ

وہ اللہ کی نعمت اور فضل پر خوشیاں منارہے ہیں اور اس بات پر کہ اللہ

لَا یُضِیْعُ اَجْرَ الْمُؤْمِنِیْنَ ﴿۱۷۱﴾ ج ۚ اَلَّذِیْنَ اسْتَجَابُوْا

لَا یُضِیْعُ	اَجْرَ الْمُؤْمِنِیْنَ ﴿۱۷۱﴾	اَلَّذِیْنَ (1)	اسْتَجَابُوْا
ضائع نہیں فرمائے گا	ایمان والوں کا اجر	وہ لوگ جو (جنہوں نے)	قبول کیا

ایمان والوں کا اجر ضائع نہیں فرمائے گا ○ وہ لوگ جو

لِلّٰهِ وَ الرَّسُوْلِ مِنْۢ بَعْدِ مَاۤ اَصَابَهُمُ الْقَرْحُ ۛؕ

لِلّٰهِ	وَ	الرَّسُوْلِ	مِنْ	بَعْدِ	مَاۤ	اَصَابَهُمُ	الْقَرْحُ
اللہ کا	اور	رسول (کا حکم)	سے	(اس کے) بعد	جو	پہنچا انہیں	زخم

اللہ اور رسول کے بلانے پر زخمی ہونے کے باوجود (فوراً) حاضر ہوگئے

لِلَّذِیْنَ اَحْسَنُوْا مِنْهُمْ وَ اتَّقَوْا

لِلَّذِیْنَ	اَحْسَنُوْا	مِنْهُمْ	وَ	اتَّقَوْا
ان لوگوں کے لئے جو (جنہوں نے)	نیکی کی	ان میں سے	اور	پرہیزگار ہوئے

ان نیک بندوں اور پرہیزگاروں کے لئے

عنوان غزوۂ احد کے بعد صحابہ کرام کی ہمت واطاعت

(1)……جنگ احد سے فارغ ہونے کے بعد واپسی کے دوران ابوسفیان کو مسلمانوں کا مکمل خاتمہ کئے بغیر واپس آنے پر افسوس ہوا اور پھر واپس ہونے کا ارادہ کیا تو نبی اکرم صَلَّی اللّٰہُ تَعَالٰی عَلَیْہِ وَاٰلِہٖ وَسَلَّمَ نے ابوسفیان کے تعاقب کے لئے روانگی کا اعلان فرمادیا، 70 صحابۂ کرام رَضِیَ اللّٰہُ تَعَالٰی عَنْہُم کی ایک جماعت آپ صَلَّی اللّٰہُ تَعَالٰی عَلَیْہِ وَاٰلِہٖ وَسَلَّمَ کے اعلان پر حاضر ہوگئی حالانکہ وہ زخموں سے چور تھے۔ اس واقعہ کے متعلق یہ آیت نازل ہوئی۔ اس آیت میں صحابۂ کرام رَضِیَ اللّٰہُ تَعَالٰی عَنْہُم کی عظمت وہمت کا بیان بھی ہے کہ زخموں سے چُور چُور ہونے کے باوجود سرکارِ دوعالم صَلَّی اللّٰہُ تَعَالٰی عَلَیْہِ وَاٰلِہٖ وَسَلَّمَ کے حکم پر فوراً حاضر ہوگئے۔

اَجْرٌ عَظِيْمٌ ﴿١٧٢﴾ اَلَّذِيْنَ قَالَ لَهُمُ النَّاسُ اِنَّ

اَجْرٌ	عَظِيْمٌ ﴿١٧٢﴾	اَلَّذِيْنَ (1)	قَالَ	لَهُمُ	النَّاسُ	اِنَّ
اجر، ثواب (ہے)	عظیم، بڑا	وہ لوگ جو	کہا	ان سے	لوگوں (نے)	بیشک

بڑا ثواب ہے ○ یہ وہ لوگ ہیں جن سے لوگوں نے کہا

النَّاسَ قَدْ جَمَعُوْا لَكُمْ فَاخْشَوْهُمْ

النَّاسَ	قَدْ	جَمَعُوْا	لَكُمْ	فَاخْشَوْهُمْ
لوگ	تحقیق	انہوں نے جمع کر لیا (ایک لشکر)	تمہارے لئے	پس ڈرو ان سے

کہ لوگوں نے تمہارے لئے (ایک لشکر) جمع کر لیا ہے سو ان سے ڈرو

فَزَادَهُمْ اِيْمَانًا ۖ وَّقَالُوْا حَسْبُنَا اللّٰهُ

فَزَادَهُمْ	اِيْمَانًا	وَّ	قَالُوْا	حَسْبُنَا	اللّٰهُ
تو (اس بات نے) اضافہ کر دیا ان کے	ایمان (میں)	اور	انہوں نے کہا	کافی ہے ہمیں	اللّٰہ

تو ان کے ایمان میں اور اضافہ ہو گیا اور کہنے لگے: ہمیں اللّٰہ کافی ہے

وَنِعْمَ الْوَكِيْلُ ﴿١٧٣﴾ فَانْقَلَبُوْا بِنِعْمَةٍ مِّنَ اللّٰهِ وَ

وَ	نِعْمَ	الْوَكِيْلُ ﴿١٧٣﴾	فَانْقَلَبُوْا	بِنِعْمَةٍ	مِّنَ	اللّٰهِ	وَ
اور	کیا ہی اچھا ہے	کارساز	تو وہ پلٹے، لوٹے	نعمت، احسان کے ساتھ	سے	اللّٰہ	اور

اور کیا ہی اچھا کارساز ہے ○ پھر یہ اللّٰہ کے احسان اور فضل کے ساتھ واپس

فَضْلٍ لَّمْ يَمْسَسْهُمْ سُوْٓءٌ ۙ وَّاتَّبَعُوْا رِضْوَانَ اللّٰهِ ؕ

فَضْلٍ	لَّمْ يَمْسَسْهُمْ	سُوْٓءٌ	وَّ	اتَّبَعُوْا	رِضْوَانَ اللّٰهِ
فضل (کے ساتھ)	نہیں چھوا انہیں	برائی (نے)	اور	انہوں نے پیروی کی	اللّٰہ کی رضامندی (کی)

لوٹے، انہیں کوئی تکلیف نہ پہنچی اور انہوں نے اللّٰہ کی رضا کی پیروی کی

عنوان صحابۂ کرام کی ہمت و جواں مردی اور ایمان کی ایک مثال

(1)...... اس آیت میں بدرِ صغریٰ کا واقعہ بیان کیا جا رہا ہے جس کی تفصیل جاننے کے لئے تفسیر صراط الجنان، ج ۲، ص ۹۵ کا مطالعہ فرمائیں۔ اِس واقعہ سے بھی صحابۂ کرام رَضِیَ اللّٰہُ تَعَالٰی عَنْہُم کی عظمت واضح ہوتی ہے کہ جب انہیں کافروں کے بڑے بڑے لشکروں سے ڈرایا جا رہا ہے تو بجائے ڈرنے اور بزدلی دکھانے کے ان کی ہمت، جذبے اور ایمان میں اضافہ ہو گیا اور ان کی زبانوں پر یہ کلمہ جاری ہوا کہ ہمیں اللّٰہ عَزَّوَجَلَّ کافی ہے اور وہی سب سے اچھا کارساز ہے۔

وَاللّٰهُ ذُوْ فَضْلٍ عَظِیْمٍ ﴿۱۷۴﴾ اِنَّمَا ذٰلِكُمُ الشَّیْطٰنُ یُخَوِّفُ

یُخَوِّفُ (1)	الشَّیْطٰنُ	ذٰلِكُمُ	اِنَّمَا	عَظِیْمٍ ﴿۱۷۴﴾	ذُوْ فَضْلٍ	اللّٰهُ	وَ
خوف دلاتا ہے	شیطان	وہ	صرف	بڑے	فضل والا	اللہ	اور

اور اللہ بڑے فضل والا ہے ○ بیشک وہ تو شیطان ہی ہے جو اپنے دوستوں سے

اَوْلِیَآءَهٗ ۪ فَلَا تَخَافُوْهُمْ وَخَافُوْنِ اِنْ كُنْتُمْ مُّؤْمِنِیْنَ ﴿۱۷۵﴾ وَ

وَ	مُّؤْمِنِیْنَ ﴿۱۷۵﴾	كُنْتُمْ	اِنْ	خَافُوْنِ	وَ	فَلَا تَخَافُوْهُمْ	اَوْلِیَآءَهٗ
اور	ایمان والے	تم ہو	اگر	ڈرو مجھ سے	اور	تو نہ ڈرو ان سے	اپنے دوستوں (سے)

ڈراتا ہے تو تم ان سے نہ ڈرو اور مجھ سے ڈرو اگر تم ایمان والے ہو ○ اور

لَا یَحْزُنْكَ الَّذِیْنَ یُسَارِعُوْنَ فِی الْكُفْرِ ۚ اِنَّهُمْ لَنْ یَّضُرُّوا

لَنْ یَّضُرُّوا	اِنَّهُمْ	الْكُفْرِ	فِی	یُسَارِعُوْنَ	الَّذِیْنَ	لَا یَحْزُنْكَ
ہرگز نہ بگاڑ سکیں گے	بیشک وہ	کفر	میں	جلدی کرتے ہیں	وہ لوگ جو	غمزدہ نہ کریں تمہیں

اے حبیب! تم ان کا کچھ غم نہ کرو جو کفر میں دوڑے جاتے ہیں وہ اللہ کا کچھ نہیں

اللّٰهَ شَیْــٴًـا ؕ یُرِیْدُ اللّٰهُ اَلَّا یَجْعَلَ لَهُمْ حَظًّا فِی

فِی	حَظًّا	لَهُمْ	اَلَّا یَجْعَلَ	اللّٰهُ	یُرِیْدُ	شَیْــٴًـا	اللّٰهَ
میں	کوئی حصہ	ان کے لئے	کہ نہ بنائے (نہ رکھے)	اللہ	چاہتا ہے	کچھ	اللہ (کا)

بگاڑ سکیں گے۔ اللہ یہ چاہتا ہے کہ ان کا آخرت میں کوئی حصہ نہ

الْاٰخِرَةِ ۚ وَلَهُمْ عَذَابٌ عَظِیْمٌ ﴿۱۷۶﴾ اِنَّ الَّذِیْنَ اشْتَرَوُا

اشْتَرَوُا	الَّذِیْنَ	اِنَّ	عَظِیْمٌ ﴿۱۷۶﴾	عَذَابٌ	لَهُمْ	وَ	الْاٰخِرَةِ
خرید لیا	وہ لوگ جو (جنہوں نے)	بیشک	بڑا	عذاب	ان کے لئے	اور	آخرت

رکھے اور ان کے لئے بڑا عذاب ہے ○ بیشک وہ لوگ جنہوں نے

عنوان: شیطان مسلمانوں کو مشرکین کی کثرت سے ڈراتا ہے — لوگوں کی کفر میں جلدی دیکھ کر غمگین ہونے پر نبی کریم صَلَّی اللہُ تَعَالٰی عَلَیْہِ وَاٰلِہٖ وَسَلَّم کو تسلی — ایمان چھوڑ کر کفر اختیار کرنے والوں کو دردناک عذاب کی وعید

(1)..... اس آیت مبارکہ سے پتہ چلا کہ مسلمانوں کو کافروں سے ڈرانا، مسلمانوں کے حوصلے پست کرنا، ان کے سامنے کافروں کی طاقت کو بڑھا چڑھا کر پیش کرنا تاکہ مسلمان ہمت ہار بیٹھیں اور کفار سے مقابلے کا نام تک نہ لیں یہ سب حرکتیں کفار و منافقین کی ہیں۔ ایسے لوگوں کی ہمارے زمانے میں کمی نہیں جنہیں مسلمانوں کو تو ہمت و حوصلہ دینے کی توفیق نہیں لیکن وہ کفار کی طاقت کو ایسا بڑھا چڑھا کر پیش کریں گے کہ مسلمان ان سے مقابلے کا نام لینے سے بھی گھبرائیں۔ اخبار وغیرہ کا مطالعہ کرنے والوں سے یہ بات پوشیدہ نہیں۔

الْكُفْرَ بِالْاِیْمَانِ لَنْ یَّضُرُّوا اللّٰهَ شَیْــًٔا ۚ وَ لَهُمْ

الْكُفْرَ	بِالْاِیْمَانِ	لَنْ یَّضُرُّوا	اللّٰهَ	شَیْــًٔا	وَ	لَهُمْ
کفر	ایمان کے بدلے	ہرگز نہ بگاڑ سکیں گے	اللہ (کا)	کچھ	اور	ان کے لئے

ایمان کی بجائے کفر اختیار کیا وہ ہرگز اللہ کا کچھ نہیں بگاڑ سکیں گے اور ان کے لئے

عَذَابٌ اَلِیْمٌ ﴿۱۷۷﴾ وَ لَا یَحْسَبَنَّ الَّذِیْنَ كَفَرُوْۤا اَنَّمَا

عَذَابٌ	اَلِیْمٌ ﴿۱۷۷﴾	وَ	لَا یَحْسَبَنَّ (1)	الَّذِیْنَ	كَفَرُوْۤا	اَنَّمَا
عذاب	دردناک	اور	ہرگز گمان نہ کریں	وہ لوگ جو (جنہوں نے)	کفر کیا	کہ جو

دردناک عذاب ہے ۝ اور کافر ہرگز یہ گمان نہ رکھیں کہ

نُمْلِیْ لَهُمْ خَیْرٌ لِّاَنْفُسِهِمْ ؕ اِنَّمَا

نُمْلِیْ	لَهُمْ	خَیْرٌ	لِّاَنْفُسِهِمْ	اِنَّمَا
ہم مہلت دے رہے ہیں	ان کو	بہتر ہے	ان کی جانوں کے لئے	صرف

ہم انہیں جو مہلت دے رہے ہیں یہ ان کے لئے بہتر ہے، ہم تو صرف

نُمْلِیْ لَهُمْ لِیَزْدَادُوْۤا اِثْمًا ۚ وَ لَهُمْ

نُمْلِیْ	لَهُمْ	لِیَزْدَادُوْۤا	اِثْمًا	وَ	لَهُمْ
ہم مہلت دے رہے ہیں	ان کو	تاکہ وہ زیادہ کرلیں	گناہ	اور	ان کے لئے

اس لئے انہیں مہلت دے رہے ہیں کہ ان کے گناہ اور زیادہ ہوجائیں اور ان کے لئے

عَذَابٌ مُّهِیْنٌ ﴿۱۷۸﴾ مَا كَانَ اللّٰهُ لِیَذَرَ الْمُؤْمِنِیْنَ

عَذَابٌ	مُّهِیْنٌ ﴿۱۷۸﴾	مَا كَانَ	اللّٰهُ	لِیَذَرَ	الْمُؤْمِنِیْنَ
عذاب	ذلیل ورسوا کردینے والا	نہیں ہے	اللہ (کی شان)	وہ چھوڑے	ایمان والوں (کو)

ذلت کا عذاب ہے ۝ اللہ کی یہ شان نہیں کہ مسلمانوں کو اس حال پر

عنوان: کافروں کو مہلت ملنا ان کے حق میں ہرگز بہتر نہیں | مسلمانوں اور منافقوں میں امتیاز کردیا جائے گا

(1)..... اللہ تبارک وتعالیٰ عموماً فوری طور پر کسی گناہ پر گرفت نہیں فرماتا بلکہ مہلت دیتا ہے اور دنیاوی آسائشوں کا سلسلہ اسی طرح چلتا رہتا ہے اس سے بہت سے لوگ اس دھوکے میں پڑے رہتے ہیں کہ ان کا کفر اور دیگر حرکتیں ان کیلئے کچھ نقصان دہ نہیں ہیں ان کے بارے میں فرمایا گیا کہ کافروں کو لمبی عمر ملنا، انہیں فوری عذاب نہ ہونا اور انہیں مہلت دیا جانا ایسی چیز نہیں کہ جسے وہ اپنے حق میں بہتر سمجھیں بلکہ توبہ نہ کرنے کی صورت میں یہی مہلت ان کے گناہوں میں اضافے اور ان کی تباہی وبربادی کا سبب بننے والی ہوتی ہے۔ لہٰذا اِس مہلت کو اپنے حق میں ہرگز بہتر نہ سمجھیں۔

عَلٰى مَاۤ اَنْتُمْ عَلَيْهِ حَتّٰى يَمِيْزَ الْخَبِيْثَ مِنَ

مِنَ	الْخَبِيْثَ	يَمِيْزَ	حَتّٰى	عَلَيْهِ	اَنْتُمْ	مَاۤ	عَلٰى
سے	گندے، ناپاک (کو)	جدا کردے	یہاں تک کہ	اس پر	تم	جس (حال)	پر

چھوڑے جس پر (ابھی) تم ہو جب تک وہ ناپاک کو پاک سے جدا نہ

الطَّيِّبِ ؕ وَمَا كَانَ اللّٰهُ لِيُطْلِعَكُمْ عَلَى الْغَيْبِ

عَلَى الْغَيْبِ (1)	لِيُطْلِعَكُمْ	اللّٰهُ	مَا كَانَ	وَ	الطَّيِّبِ
غیب پر	وہ مطلع کرے تمہیں	اللہ (کی شان)	نہیں ہے	اور	ستھرے، پاک

کردے اور (اے عام لوگو!) اللہ تمہیں غیب پر مطلع نہیں کرتا

وَلٰكِنَّ اللّٰهَ يَجْتَبِيْ مِنْ رُّسُلِهٖ مَنْ يَّشَآءُ ۖ

يَّشَآءُ	مَنْ	رُّسُلِهٖ	مِنْ	يَجْتَبِيْ	اللّٰهَ	لٰكِنَّ	وَ
وہ چاہتا ہے	جسے	اپنے رسولوں	سے	چن لیتا ہے	اللہ	لیکن	اور

البتہ اللہ اپنے رسولوں کو منتخب فرمالیتا ہے جنہیں پسند فرماتا ہے

فَاٰمِنُوْا بِاللّٰهِ وَرُسُلِهٖ ۚ وَاِنْ تُؤْمِنُوْا وَ

وَ	تُؤْمِنُوْا	اِنْ	وَ	رُسُلِهٖ	وَ	بِاللّٰهِ	فَاٰمِنُوْا
اور	تم ایمان لاؤ	اگر	اور	اس کے رسولوں (پر)	اور	اللہ پر	تو تم ایمان لاؤ

تو تم اللہ اور اس کے رسولوں پر ایمان لاؤ اور اگر تم ایمان لاؤ اور

تَتَّقُوْا فَلَكُمْ اَجْرٌ عَظِيْمٌ ﴿۱۷۹﴾ وَلَا يَحْسَبَنَّ

لَا يَحْسَبَنَّ	وَ	عَظِيْمٌ ﴿۱۷۹﴾	اَجْرٌ	فَلَكُمْ	تَتَّقُوْا
ہرگز نہ گمان کریں	اور	بڑا	اجر، ثواب	تو تمہارے لئے	ڈرو، پرہیز گار بنو

متقی بنو تو تمہارے لئے بہت بڑا اجر ہے ○ اور جو لوگ

عنوان: اللہ تعالیٰ اپنے رسولوں کو غیب کا علم عطا فرماتا ہے ۔ زکوٰۃ کی ادائیگی میں بخل کرنے والوں کے لئے وعید

(1)...... اس آیت سے اور اس کے سوا متعدد آیات اور کثیر احادیث سے ثابت ہے کہ اللہ تعالیٰ نے اپنے رسولوں کو غیب کے علوم عطا فرمائے۔ مزید معلومات کے لئے تفسیر صراط الجنان، ج۲، ص۱۰۰ کا مطالعہ فرمائیں۔

اَلَّذِيْنَ يَبْخَلُوْنَ بِمَاۤ اٰتٰىهُمُ اللّٰهُ مِنْ فَضْلِهٖ

فَضْلِهٖ	مِنْ	اللّٰهُ	اٰتٰىهُمُ	بِمَاۤ	يَبْخَلُوْنَ (1)	اَلَّذِيْنَ
اپنے فضل	سے	اللہ (نے)	دی انہیں	ساتھ جو (اس چیز میں جو)	بخل کرتے ہیں	وہ لوگ جو

اس چیز میں بخل کرتے ہیں جو اللہ نے انہیں اپنے فضل سے دی ہے وہ ہرگز اسے

هُوَ خَيْرًا لَّهُمْ ؕ بَلْ هُوَ شَرٌّ لَّهُمْ ؕ

لَّهُمْ	شَرٌّ	هُوَ	بَلْ	لَّهُمْ	خَيْرًا	هُوَ
ان کے لئے	برا (ہے)	وہ	بلکہ	ان کے لئے	بہتر (ہے)	(کہ) وہ (بخل کرنا)

اپنے لئے اچھا نہ سمجھیں بلکہ یہ بخل ان کے لئے برا ہے۔

سَيُطَوَّقُوْنَ مَا بَخِلُوْا بِهٖ يَوْمَ الْقِيٰمَةِ ؕ

يَوْمَ الْقِيٰمَةِ	بِهٖ	بَخِلُوْا	مَا	سَيُطَوَّقُوْنَ
قیامت کے دن	اس کے ساتھ	انہوں نے بخل کیا	(اس مال کے) جو	عنقریب ان کی گردنوں میں طوق ڈالے جائیں گے

عنقریب قیامت کے دن ان کے گلوں میں اسی مال کا طوق بنا کر ڈالا جائے گا جس میں انہوں نے بخل کیا تھا

وَلِلّٰهِ مِيْرَاثُ السَّمٰوٰتِ وَالْاَرْضِ ؕ وَاللّٰهُ

اللّٰهُ	وَ	الْاَرْضِ	وَ	مِيْرَاثُ السَّمٰوٰتِ	لِلّٰهِ	وَ
اللہ	اور	زمین (کی)	اور	آسمانوں کی میراث، ملکیت	اللہ کے لئے	اور

اور اللہ ہی آسمانوں اور زمین کا وارث ہے اور اللہ

بِمَا تَعْمَلُوْنَ خَبِيْرٌ ﴿۱۸۰﴾ ع لَقَدْ سَمِعَ اللّٰهُ

اللّٰهُ	سَمِعَ	لَقَدْ	خَبِيْرٌ ﴿۱۸۰﴾	تَعْمَلُوْنَ	بِمَا
اللہ (نے)	سن لی	ضرور بیشک	خبردار (ہے)	تم کرتے ہو	ساتھ جو (اس سے جو)

تمہارے تمام کاموں سے خبردار ہے ○ بیشک اللہ نے ان کا قول

عنوان: اللہ تعالیٰ کی گستاخی اور انبیاء کرام عَلَیْہِمُ الصَّلٰوۃُ وَالسَّلَام کا قتل بدترین جرم ہیں

1 ...... اس آیت میں اللہ تعالیٰ کی راہ میں شرعاً واجب صورت میں مال خرچ کرنے میں بخل کرنے والوں کے بارے میں شدید وعید بیان کی گئی ہے۔ بخل کی مطلق تعریف یہ ہے کہ جہاں شرعاً یا عرف و عادت کے اعتبار سے خرچ کرنا واجب ہو وہاں خرچ نہ کرنا بخل ہے۔ زکوٰۃ اور صدقہ فطر وغیرہ میں خرچ کرنا شرعاً واجب ہے اور دوست احباب، عزیز رشتہ داروں پر خرچ کرنا عرف و عادت کے اعتبار سے واجب ہے۔ اکثر مفسرین کے نزدیک یہاں آیت میں بخل سے زکوٰۃ کا نہ دینا مراد ہے کیونکہ عرفی بخل پر یہ وعید نہیں ہے۔

قَوْلَ الَّذِیْنَ قَالُوْۤا اِنَّ اللّٰهَ فَقِیْرٌ وَّ نَحْنُ اَغْنِیَآءُ ۘ

قَوْلَ	الَّذِیْنَ	قَالُوْۤا	اِنَّ	اللّٰهَ	فَقِیْرٌ	وَّ	نَحْنُ	اَغْنِیَآءُ
بات	ان لوگوں کی جو (جنہوں نے)	کہا	بیشک	اللہ	محتاج	اور	ہم	مالدار

سن لیا جنہوں نے کہا کہ اللہ محتاج ہے اور ہم مالدار ہیں۔

سَنَكْتُبُ مَا قَالُوْا وَ قَتْلَهُمُ الْاَنْۢبِیَآءَ

سَنَكْتُبُ	مَا	قَالُوْا	وَ	قَتْلَهُمُ (1)	الْاَنْۢبِیَآءَ
اب ہم لکھ رکھیں گے	وہ جو	انہوں نے کہا	اور	ان کا شہید کرنا	انبیاء (کو)

اب ہم ان کی کہی ہوئی بات اور ان کا انبیاء کو ناحق شہید کرنا لکھ

بِغَیْرِ حَقٍّ ۙ وَّ نَقُوْلُ ذُوْقُوْا عَذَابَ الْحَرِیْقِ ۝١٨١ ذٰلِكَ

بِغَیْرِ حَقٍّ	وَّ	نَقُوْلُ	ذُوْقُوْا	عَذَابَ الْحَرِیْقِ ۝١٨١	ذٰلِكَ
حق کے بغیر، ناحق	اور	ہم فرمائیں گے	تم مزہ چکھو	جلادینے والے عذاب (کا)	یہ

رکھیں گے اور کہیں گے: جلادینے والے عذاب کا مزہ چکھو ○ یہ

بِمَا قَدَّمَتْ اَیْدِیْكُمْ وَ اَنَّ اللّٰهَ لَیْسَ

بِمَا	قَدَّمَتْ	اَیْدِیْكُمْ	وَ	اَنَّ	اللّٰهَ	لَیْسَ
(اس کا) بدلہ جو	آگے بھیجا	تمہارے ہاتھوں (نے)	اور	بیشک	اللہ	نہیں ہے

ان اعمال کا بدلہ ہے جو تمہارے ہاتھوں نے آگے بھیجے اور اللہ

بِظَلَّامٍ لِّلْعَبِیْدِ ۝١٨٢ ۚ اَلَّذِیْنَ قَالُوْۤا اِنَّ اللّٰهَ

بِظَلَّامٍ	لِّلْعَبِیْدِ ۝١٨٢	اَلَّذِیْنَ	قَالُوْۤا	اِنَّ	اللّٰهَ
ذرا سا بھی ظلم کرنے والا	بندوں پر	وہ لوگ جو (جنہوں نے)	کہا	بیشک	اللہ

بندوں پر ظلم نہیں کرتا ○ وہ لوگ جو کہتے ہیں (کہ) اللہ نے

عنوان: اسلام قبول کرنے سے بچنے اور جاہلوں کو ورغلانے کے لئے یہودیوں کا حیلہ

(1)...... یہاں آیت میں اللہ تعالیٰ کی گستاخی اور انبیائے کرام عَلَیْهِمُ الصَّلٰوۃُ وَالسَّلَام کو قتل کرنے کو اکٹھا بیان کرکے عذاب کی ایک ہی وعید بیان کی ہے، اس سے معلوم ہوا کہ یہ دونوں جرم بہت عظیم ترین ہیں اور قباحت میں برابر ہیں اور شانِ انبیاء عَلَیْهِمُ الصَّلٰوۃُ وَالسَّلَام میں گستاخی کرنے والا شانِ الٰہی عَزَّوَجَلَّ میں گستاخی کرنے والے کی طرح جہنم کا مستحق ہے کیونکہ انبیاء عَلَیْهِمُ الصَّلٰوۃُ وَالسَّلَام کی گستاخی اللہ تعالیٰ کی گستاخی ہے۔

عَهِدَ اِلَيْنَآ اَلَّا نُؤْمِنَ لِرَسُوْلٍ حَتّٰى

عَهِدَ	اِلَيْنَآ	اَلَّا نُؤْمِنَ	لِرَسُوْلٍ	حَتّٰى
اس نے عہد لیا	ہماری طرف (ہم سے)	کہ ہم ایمان نہ لائیں	کسی رسول پر	یہاں تک کہ

ہم سے وعدہ لیا تھا کہ ہم کسی رسول کی اس وقت تک تصدیق نہ کریں جب تک

يَاْتِيَنَا بِقُرْبَانٍ تَاْكُلُهُ النَّارُ ؕ قُلْ قَدْ جَآءَكُمْ

يَاْتِيَنَا بِقُرْبَانٍ	تَاْكُلُهُ	النَّارُ	قُلْ	قَدْ	جَآءَكُمْ
وہ لائے ہمارے پاس قربانی	کھا جائے اسے	آگ	تم کہو	بیشک	آئے تمہارے پاس

وہ ایسی قربانی پیش نہ کرے جسے آگ کھا جائے۔ اے حبیب! تم فرمادو (کہ) بیشک مجھ سے پہلے

رُسُلٌ مِّنْ قَبْلِیْ بِالْبَيِّنٰتِ وَبِالَّذِیْ قُلْتُمْ

رُسُلٌ	مِّنْ	قَبْلِیْ	بِالْبَيِّنٰتِ	وَ	بِالَّذِیْ	قُلْتُمْ
رسول	سے	مجھ سے پہلے	روشن نشانیوں کے ساتھ	اور	(اس کے) ساتھ جو	تم نے کہا

بہت سے رسول تمہارے پاس کھلی نشانیاں اور وہی (معجزات) لے کر آئے جو تم نے کہے تھے

فَلِمَ قَتَلْتُمُوْهُمْ اِنْ كُنْتُمْ صٰدِقِيْنَ ﴿۱۸۳﴾ فَاِنْ كَذَّبُوْكَ

فَلِمَ	قَتَلْتُمُوْهُمْ (1)	اِنْ	كُنْتُمْ	صٰدِقِيْنَ ﴿۱۸۳﴾	فَاِنْ	كَذَّبُوْكَ
پھر کیوں	تم نے شہید کیا انہیں	اگر	تم ہو	سچے	پس اگر	وہ جھٹلائیں تمہیں

پھر اگر تم سچے ہو تو تم نے انہیں کیوں شہید کیا؟ ○ تو اے حبیب! اگر وہ تمہاری تکذیب کرتے ہیں

فَقَدْ كُذِّبَ رُسُلٌ مِّنْ قَبْلِكَ جَآءُوْ

فَقَدْ	كُذِّبَ	رُسُلٌ	مِّنْ	قَبْلِكَ	جَآءُوْ
تو بیشک	جھٹلائے گئے	رسول	سے	آپ سے پہلے	وہ تشریف لائے

تو تم سے پہلے رسولوں کی بھی تکذیب کی گئی ہے جو

عنوان: نبی کریم صَلَّى اللّٰهُ تَعَالٰى عَلَيْهِ وَاٰلِهٖ وَسَلَّم کو تسلی

(1) مفسرین نے اس آیت کی جو تفسیر بیان فرمائی اس سے ایک بہت مفید بات سامنے آتی ہے کہ جب کوئی چیز کسی معقول دلیل سے ثابت ہو جائے تو اسے مان لینا لازم ہے۔ دلیل سے ثابت ہو جانے کے بعد خواہ مخواہ مخصوص قسم کی دلیل کا مطالبہ کرنا یہودیوں کا کام ہے اور اس میں بھی ایسے لوگوں کا مقصد ماننا نہیں ہوتا بلکہ مفت کی بحث کرنا ہوتا ہے۔ جیسے مسلمانوں میں رائج بہت سے معمولات ایسے ہیں جو معقول شرعی دلیل سے ثابت ہیں لیکن بعض لوگوں کا خواہ مخواہ اصرار ہوتا ہے کہ نہیں، اسے نبی کریم صَلَّى اللّٰهُ تَعَالٰى عَلَيْهِ وَاٰلِهٖ وَسَلَّم کے زمانے سے ثابت کرو، اسے بخاری سے ثابت کرو۔ یہ طرزِ عمل سراسر جاہلانہ ہے۔ ایسے لوگوں کو سمجھانا بے فائدہ ہوتا ہے۔

بِالْبَيِّنٰتِ وَالزُّبُرِ وَالْكِتٰبِ الْمُنِيْرِ ﴿١٨٤﴾ كُلُّ نَفْسٍ

بِالْبَيِّنٰتِ	وَ	الزُّبُرِ	وَ	الْكِتٰبِ	الْمُنِيْرِ ﴿١٨٤﴾	كُلُّ نَفْسٍ
روشن نشانیوں کے ساتھ	اور	صحیفوں	اور	کتاب	روشن (کے ساتھ)	ہر جان

صاف نشانیاں اور صحیفے اور روشن کتاب لے کر آئے تھے ○ ہر جان

ذَآئِقَةُ الْمَوْتِ ؕ وَاِنَّمَا تُوَفَّوْنَ اُجُوْرَكُمْ

ذَآئِقَةُ الْمَوْتِ (1)	وَ	اِنَّمَا	تُوَفَّوْنَ	اُجُوْرَكُمْ
موت کو چکھنے والی (ہے)	اور	صرف	تمہیں پورے دیئے جائیں گے	تمہارے اجر

موت کا مزہ چکھنے والی ہے اور قیامت کے دن تمہیں تمہارے اجر پورے پورے

يَوْمَ الْقِيٰمَةِ ؕ فَمَنْ زُحْزِحَ عَنِ النَّارِ وَاُدْخِلَ الْجَنَّةَ

يَوْمَ الْقِيٰمَةِ	فَمَنْ	زُحْزِحَ	عَنِ	النَّارِ	وَ	اُدْخِلَ	الْجَنَّةَ
قیامت کے دن	تو جسے	بچالیا گیا	سے	آگ	اور	داخل کر دیا گیا	جنت (میں)

دیئے جائیں گے تو جسے آگ سے بچالیا گیا اور جنت میں داخل کر دیا گیا

فَقَدْ فَازَ ؕ وَمَا الْحَيٰوةُ الدُّنْيَآ اِلَّا مَتَاعُ الْغُرُوْرِ ﴿١٨٥﴾

فَقَدْ	فَازَ	وَ	مَا	الْحَيٰوةُ الدُّنْيَآ	اِلَّا	مَتَاعُ الْغُرُوْرِ ﴿١٨٥﴾
تو بیشک	وہ کامیاب ہو گیا	اور	نہیں ہے	دنیا کی زندگی	مگر	دھوکے کا سامان

تو وہ کامیاب ہو گیا اور دنیا کی زندگی تو صرف دھوکے کا سامان ہے ○

لَتُبْلَوُنَّ فِيْٓ اَمْوَالِكُمْ وَاَنْفُسِكُمْ ۡ قف وَ

لَتُبْلَوُنَّ	فِيْٓ	اَمْوَالِكُمْ	وَ	اَنْفُسِكُمْ	وَ
بیشک تمہیں ضرور آزمایا جائے گا	میں	تمہارے مالوں	اور	تمہاری جانوں (میں)	اور

بیشک تمہارے مالوں اور تمہاری جانوں کے بارے میں تمہیں ضرور آزمایا جائے گا اور

عنوان

- اللہ تعالیٰ نے ہر جاندار پر موت مقرر فرما دی ہے
- حقیقی کامیابی جہنم سے نجات اور جنت میں داخلہ ہے
- مسلمانوں کا ان کی جان و مال کے حوالے سے امتحان ضرور ہو گا

(1)..... اس آیت سے معلوم ہوا کہ اللہ تعالیٰ نے ہر جاندار پر موت مقرر فرما دی ہے اور اس سے کسی کو چھٹکارا ملے گا اور نہ کوئی اس سے بھاگ کر کہیں جا سکے گا۔ موت روح کے جسم سے جدا ہونے کا نام ہے اور یہ جدائی بعض اوقات انتہائی سخت تکلیف اور اذیت کے ساتھ ہوتی ہے۔ لہٰذا عقلمندی کا تقاضا یہی ہے کہ موت کو بکثرت یاد کیا جائے اور دنیا میں رہ کر موت اور اس کے بعد کی تیاری کی جائے۔

لَتُسْمَعُنَّ مِنَ الَّذِيْنَ اُوْتُوا الْكِتٰبَ مِنْ قَبْلِكُمْ

لَتُسْمَعُنَّ	مِنَ	الَّذِيْنَ	اُوْتُوا	الْكِتٰبَ	مِنْ	قَبْلِكُمْ
بیشک تم ضرور سنو گے	سے	ان لوگوں سے جو (جنہیں)	دی گئی	کتاب	سے	تم سے پہلے

تم ضرور ان لوگوں سے جنہیں تم سے پہلے کتاب دی گئی

وَ مِنَ الَّذِيْنَ اَشْرَكُوْۤا اَذًى كَثِيْرًا ؕ وَ اِنْ

وَ	مِنَ	الَّذِيْنَ	اَشْرَكُوْۤا	اَذًى	كَثِيْرًا	وَ	اِنْ
اور	سے	ان لوگوں سے جو (جنہوں نے)	شرک کیا	تکلیف دہ (باتیں)	بہت سی	اور	اگر

اور مشرکوں سے بہت سی تکلیف دہ باتیں سنو گے اور اگر تم

تَصْبِرُوْا وَ تَتَّقُوْا فَاِنَّ ذٰلِكَ مِنْ عَزْمِ الْاُمُوْرِ ﴿١٨٦﴾ وَ

تَصْبِرُوْا	وَ	تَتَّقُوْا	فَاِنَّ	ذٰلِكَ	مِنْ	عَزْمِ الْاُمُوْرِ ﴿١٨٦﴾	وَ
تم صبر کرتے رہو	اور	پرہیز گار بنو	تو بیشک	یہ	سے	ہمت کے کاموں	اور

صبر کرتے رہو اور پرہیز گار بنو تو یہ بڑی ہمت کے کاموں میں سے ہے ۝ اور

اِذْ اَخَذَ اللّٰهُ مِيْثَاقَ الَّذِيْنَ اُوْتُوا الْكِتٰبَ

اِذْ	اَخَذَ	اللّٰهُ	مِيْثَاقَ (1)	الَّذِيْنَ	اُوْتُوا	الْكِتٰبَ
جب	لیا	اللہ (نے)	پختہ عہد	ان لوگوں سے جو (جنہیں)	دی گئی	کتاب

یاد کرو جب اللہ نے ان لوگوں سے عہد لیا جنہیں کتاب دی گئی

لَتُبَيِّنُنَّهٗ لِلنَّاسِ وَ لَا تَكْتُمُوْنَهٗ

لَتُبَيِّنُنَّهٗ	لِلنَّاسِ	وَ	لَا تَكْتُمُوْنَهٗ
بیشک تم ضرور بیان کرو گے اس (کتاب) کو	لوگوں سے	اور	نہیں چھپاؤ گے اسے

کہ تم ضرور اس کتاب کو لوگوں سے بیان کرنا اور اسے چھپانا نہیں

عنوان اہل کتاب کا رشوتیں لے کر نبی کریم صَلَّی اللّٰہُ تَعَالٰی عَلَیْہِ وَاٰلِہٖ وَسَلَّم کے اوصاف چھپانا

(1)...... اللہ تعالیٰ نے توریت وانجیل کے علماء پر واجب کیا تھا کہ ان دونوں کتابوں میں سرورِ کائنات صَلَّی اللّٰہُ تَعَالٰی عَلَیْہِ وَاٰلِہٖ وَسَلَّم کی نبوت پر دلالت کرنے والے جو دلائل ہیں وہ لوگوں کو خوب اچھی طرح واضح کر کے سمجھا دیں اور ہر گز نہ چھپائیں لیکن انہوں نے رشوتیں لے کر آپ صَلَّی اللّٰہُ تَعَالٰی عَلَیْہِ وَاٰلِہٖ وَسَلَّم کے اُن اوصاف کو چھپایا جو توریت وانجیل میں مذکور تھے۔

فَنَبَذُوْهُ وَرَآءَ ظُهُوْرِهِمْ وَاشْتَرَوْا بِهٖ

فَنَبَذُوْهُ	وَرَآءَ ظُهُوْرِهِمْ	وَ	اشْتَرَوْا	بِهٖ
تو انہوں نے پھینک دیا اس (عہد) کو	اپنی پشتوں کے پیچھے	اور	خرید لی	اس (کتاب) کے بدلے

تو انہوں نے اس عہد کو اپنی پیٹھ کے پیچھے پھینک دیا اور اس کے بدلے

ثَمَنًا قَلِیْلًا ؕ فَبِئْسَ مَا یَشْتَرُوْنَ ﴿۱۸۷﴾ لَا تَحْسَبَنَّ

ثَمَنًا	قَلِیْلًا	فَبِئْسَ	مَا	یَشْتَرُوْنَ ﴿۱۸۷﴾	لَا تَحْسَبَنَّ
قیمت	تھوڑی	تو کتنا برا ہے	جو	وہ خریدتے ہیں	تم ہرگز نہ گمان کرنا

تھوڑی سی قیمت حاصل کرلی تو یہ کتنی بری خریداری ہے ○ ہرگز گمان نہ کرو

الَّذِیْنَ یَفْرَحُوْنَ بِمَآ اَتَوْا وَّیُحِبُّوْنَ

الَّذِیْنَ	یَفْرَحُوْنَ (1)	بِمَآ	اَتَوْا	وَّ	یُحِبُّوْنَ
ان لوگوں کو جو	خوش ہوتے ہیں	(اس) پر جو	انہوں نے کیا	اور	وہ پسند کرتے ہیں

ان لوگوں کو جو اپنے اعمال پر خوش ہوتے ہیں اور پسند کرتے ہیں

اَنْ یُّحْمَدُوْا بِمَا لَمْ یَفْعَلُوْا فَلَا تَحْسَبَنَّهُمْ

اَنْ	یُّحْمَدُوْا	بِمَا	لَمْ یَفْعَلُوْا	فَلَا تَحْسَبَنَّهُمْ
کہ	ان کی تعریف کی جائے	(اس) پر جو	انہوں نے نہیں کیا	تو تم ہرگز گمان نہ کرنا انہیں

کہ ان کی ایسے کاموں پر تعریف کی جائے جو انہوں نے کئے ہی نہیں، انہیں ہرگز

بِمَفَازَةٍ مِّنَ الْعَذَابِ ۚ وَلَهُمْ عَذَابٌ اَلِیْمٌ ﴿۱۸۸﴾ وَلِلّٰهِ

بِمَفَازَةٍ	مِّنَ	الْعَذَابِ	وَ	لَهُمْ	عَذَابٌ	اَلِیْمٌ ﴿۱۸۸﴾	وَ	لِلّٰهِ
نجات پانے والے	سے	عذاب	اور	ان کے لئے	عذاب	دردناک	اور	اللہ کے لئے

عذاب سے دور نہ سمجھو اور ان کے لئے دردناک عذاب ہے ○ اور اللہ ہی کے لئے

عنوان: خود پسندی اور حبِ جاہ میں مبتلا لوگوں کے لئے وعید — زمین و آسمان کے دائرے میں آنے والی ہر چیز کا مالک اللہ تعالیٰ ہے

(1)...... اس آیت میں ناجائز خود پسندی کرنے والوں اور جھوٹی عزت، تعریف، شہرت کے حصول کی غیر شرعی تمنا میں مبتلا لوگوں کے لئے وعید ہے۔ جب کسی شخص کے دل میں یہ آرزو پیدا ہونے لگے کہ لوگ اس کے شیدائی ہوں، اس کی تعریف کریں اور اسے عزت دیں، ملک و قوم کی کوئی خدمت نہ بھی کی ہو پھر بھی معمارِ قوم کہا جائے، نجات دہندہ سمجھا جائے، محسنِ قوم قرار دیا جائے اور بہترین القابات سے تعارف کروایا جائے تو اسے چاہئے کہ اپنے دل پر غور کرلے کہ کہیں وہ حب جاہ کا شکار تو نہیں ہوچکا، اگر ایسا ہو تو اس آیت سے سبق حاصل کرتے ہوئے فوراً سے پیشتر اس سے چھٹکارے کی کوشش کرے۔

مُلْكُ السَّمٰوٰتِ وَالْاَرْضِ ؕ وَاللّٰهُ عَلٰى كُلِّ شَیْءٍ قَدِیْرٌ ﴿۱۸۹﴾ ع اِنَّ

مُلْكُ السَّمٰوٰتِ	وَ	الْاَرْضِ	وَ	اللّٰهُ	عَلٰى كُلِّ شَیْءٍ	قَدِیْرٌ ﴿۱۸۹﴾	اِنَّ
آسمانوں کی بادشاہی	اور	زمین (کی)	اور	اللہ	ہر چیز پر	قدرت والا (ہے)	بیشک

آسمانوں اور زمین کی بادشاہی ہے اور اللہ ہر چیز پر قادر ہے ○ بیشک

فِیْ خَلْقِ السَّمٰوٰتِ وَالْاَرْضِ وَاخْتِلَافِ الَّیْلِ وَالنَّهَارِ

فِیْ	خَلْقِ السَّمٰوٰتِ (1)	وَ	الْاَرْضِ	وَ	اخْتِلَافِ الَّیْلِ وَالنَّهَارِ
میں	آسمانوں کی پیدائش	اور	زمین (کی)	اور	رات اور دن کی تبدیلی (میں)

آسمانوں اور زمین کی پیدائش اور رات اور دن کی باہم تبدیلی میں

لَاٰیٰتٍ لِّاُولِی الْاَلْبَابِ ﴿۱۹۰﴾ ۙ الَّذِیْنَ یَذْكُرُوْنَ اللّٰهَ قِیٰمًا وَّ

لَاٰیٰتٍ	لِّاُولِی الْاَلْبَابِ ﴿۱۹۰﴾	الَّذِیْنَ	یَذْكُرُوْنَ	اللّٰهَ	قِیٰمًا	وَّ
ضرور نشانیاں (ہیں)	عقل والوں کے لئے	وہ لوگ جو	ذکر کرتے ہیں	اللہ (کا)	کھڑے	اور

عقلمندوں کے لئے نشانیاں ہیں ○ جو کھڑے اور بیٹھے اور پہلوؤں کے بل

قُعُوْدًا وَّعَلٰى جُنُوْبِهِمْ وَیَتَفَكَّرُوْنَ فِیْ خَلْقِ السَّمٰوٰتِ وَ

قُعُوْدًا	وَّ	عَلٰى جُنُوْبِهِمْ	وَ	یَتَفَكَّرُوْنَ (2)	فِیْ	خَلْقِ السَّمٰوٰتِ	وَ
بیٹھے	اور	اپنی کروٹوں پر (لیٹے)	اور	غور و فکر کرتے ہیں	میں	آسمانوں کی پیدائش	اور

لیٹے ہوئے اللہ کو یاد کرتے ہیں اور آسمانوں اور زمین کی پیدائش میں

الْاَرْضِ ۚ رَبَّنَا مَا خَلَقْتَ هٰذَا بَاطِلًا ۚ سُبْحٰنَكَ

الْاَرْضِ	رَبَّنَا	مَا خَلَقْتَ	هٰذَا	بَاطِلًا	سُبْحٰنَكَ
زمین (کی)	اے ہمارے رب	تو نے نہیں بنایا	یہ سب	باطل، بیکار	تو پاک ہے

غور کرتے ہیں۔ اے ہمارے رب! تو نے یہ سب بیکار نہیں بنایا۔ تو پاک ہے،

عنوان

- قدرتِ الٰہی کی نشانیاں: زمین و آسمان کی پیدائش اور دن و رات کی تبدیلی
- کامل ایمان والوں کے اوصاف: ہر حال میں اللہ تعالیٰ کا ذکر کرنا اور زمین و آسمان کی تخلیق میں غور و فکر کرنا
- عذابِ الٰہی سے پناہ مانگنے کی ایک بہترین دعا

(1)...... اس سے معلوم ہوا کہ علمِ جغرافیہ اور سائنس حاصل کرنا بھی ثواب ہے جبکہ اچھی نیت ہو جیسے اسلام اور مسلمانوں کی خدمت یا اللہ تعالیٰ کی عظمت کا علم حاصل کرنے کیلئے، لیکن یہ شرط ہے کہ اسلامی عقائد کے خلاف نہ ہو۔ (2)...... جس طرح کسی کی عظمت، قدرت، حکمت اور علم کی معرفت حاصل کرنے کا ایک اہم ذریعہ اس کی بنائی ہوئی چیز ہوتی ہے اسی طرح اللہ تعالیٰ کی عظمت، قدرت، حکمت، وحدانیت اور اس کے علم کی پہچان حاصل کرنے کا بہت بڑا ذریعہ اس کی پیدا کی ہوئی یہ کائنات ہے، اس میں موجود تمام چیزیں اپنے خالق کی وحدانیت پر دلالت کرنے والی اور اس کے جلال و کبریائی کو ظاہر کرنی والی ہیں۔

فَقِنَا عَذَابَ النَّارِ ﴿۱۹۱﴾ رَبَّنَآ اِنَّكَ مَنْ تُدْخِلِ

فَقِنَا	عَذَابَ النَّارِ ﴿۱۹۱﴾	رَبَّنَآ	اِنَّكَ	مَنْ	تُدْخِلِ
پس ہمیں بچالے	آگ کے عذاب (سے)	اے ہمارے رب	بیشک تو	جسے	تو داخل کرے گا

تو ہمیں دوزخ کے عذاب سے بچالے ○ اے ہمارے رب! بیشک جسے تو دوزخ میں داخل

النَّارَ فَقَدْ اَخْزَيْتَهٗ ؕ وَمَا لِلظّٰلِمِيْنَ مِنْ اَنْصَارٍ ﴿۱۹۲﴾

النَّارَ	فَقَدْ	اَخْزَيْتَهٗ	وَ	مَا	لِلظّٰلِمِيْنَ	مِنْ	اَنْصَارٍ ﴿۱۹۲﴾
آگ (میں)	تو بیشک	رسوا کر دیا اسے	اور	نہیں	ظالموں کے لئے	سے	مددگاروں

کرے گا اسے تو نے ضرور رسوا کر دیا اور ظالموں کا کوئی مددگار نہیں ہے ○

رَبَّنَآ اِنَّنَا سَمِعْنَا مُنَادِيًا يُّنَادِيْ لِلْاِيْمَانِ

رَبَّنَآ	اِنَّنَا	سَمِعْنَا	مُنَادِيًا (1)	يُّنَادِيْ	لِلْاِيْمَانِ
اے ہمارے رب	بیشک ہم	سنا ہم نے	ایک پکارنے والے (کو)	وہ پکارتا ہے	ایمان کے لئے

اے ہمارے رب! بیشک ہم نے ایک ندا دینے والے کو ایمان کی ندا (یوں) دیتے ہوئے سنا

اَنْ اٰمِنُوْا بِرَبِّكُمْ فَاٰمَنَّا ۖ رَبَّنَا فَاغْفِرْ لَنَا

اَنْ	اٰمِنُوْا	بِرَبِّكُمْ	فَاٰمَنَّا	رَبَّنَا	فَاغْفِرْ	لَنَا
کہ	ایمان لاؤ	اپنے رب پر	تو ہم ایمان لائے	اے ہمارے رب	پس تو بخش دے	ہمارے لئے

کہ اپنے رب پر ایمان لاؤ تو ہم ایمان لے آئے پس اے ہمارے رب! تو ہمارے گناہ

ذُنُوْبَنَا وَكَفِّرْ عَنَّا سَيِّاٰتِنَا وَتَوَفَّنَا

ذُنُوْبَنَا	وَ	كَفِّرْ	عَنَّا	سَيِّاٰتِنَا	وَ	تَوَفَّنَا
ہمارے گناہ	اور	مٹادے	ہم سے	ہماری برائیاں	اور	موت عطا فرما ہمیں

بخش دے اور ہم سے ہماری برائیاں مٹادے اور ہمیں نیک لوگوں کے گروہ میں

عنوان: گناہوں کی مغفرت اور نیک لوگوں کے ساتھ موت ملنے کی دعا

(1)......اس منادی سے مراد سیّدُ الانبیاء، محمد مصطفٰی صَلَّی اللّٰہُ تَعَالٰی عَلَیْہِ وَاٰلِہٖ وَسَلَّم ہیں جن کی شان میں ”دَاعِیًا اِلَى اللّٰهِ بِاِذْنِهٖ“ وارد ہوا ہے یا اس سے قرآن کریم مراد ہے۔

رَبَّنَا وَ اٰتِنَا مَا وَعَدْتَّنَا	مَعَ الْاَبْرَارِ ﴿١٩٣﴾ ج

مَعَ الْاَبْرَارِ ﴿١٩٣﴾	رَبَّنَا	وَ	اٰتِنَا	مَا	وَعَدْتَّنَا
نیک لوگوں کے ساتھ	اے ہمارے رب	اور	دے ہمیں	وہ جو	تو نے وعدہ کیا ہم سے

موت عطا فرما ○ اے ہمارے رب! اور ہمیں وہ سب عطا فرما جس کا تو نے

عَلٰی رُسُلِكَ وَ لَا تُخْزِنَا یَوْمَ الْقِیٰمَةِ ط اِنَّكَ

عَلٰی رُسُلِكَ	وَ	لَا تُخْزِنَا	یَوْمَ الْقِیٰمَةِ	اِنَّكَ
اپنے رسولوں پر (کے ذریعے)	اور	رسوانہ فرمانا ہمیں	قیامت کے دن	بیشک تو

اپنے رسولوں کے ذریعے ہم سے وعدہ فرمایا ہے اور ہمیں قیامت کے دن رسوانہ کرنا۔ بیشک تو

لَا تُخْلِفُ الْمِیْعَادَ ﴿١٩٤﴾ فَاسْتَجَابَ لَهُمْ رَبُّهُمْ

لَا تُخْلِفُ	الْمِیْعَادَ ﴿١٩٤﴾	فَاسْتَجَابَ (1)	لَهُمْ	رَبُّهُمْ
خلاف نہیں کرتا	وعدہ (کے)	پس دعا قبول کرلی	ان کی	ان کے رب (نے)

وعدہ خلافی نہیں کرتا ○ تو ان کے رب نے ان کی دعا قبول فرمالی

اَنِّیْ لَاۤ اُضِیْعُ عَمَلَ عَامِلٍ مِّنْكُمْ مِّنْ ذَكَرٍ

اَنِّیْ	لَاۤ اُضِیْعُ	عَمَلَ عَامِلٍ	مِّنْكُمْ	مِّنْ	ذَكَرٍ
(اور فرمایا) بیشک میں	ضائع نہیں کروں گا	عمل کرنے والے کا عمل	تم میں سے	سے	مرد (ہو)

کہ میں تم میں سے عمل کرنے والوں کے عمل کو ضائع نہیں کروں گا وہ مرد ہو

اَوْ اُنْثٰی ج بَعْضُكُمْ مِّنْۢ بَعْضٍ ج فَالَّذِیْنَ هَاجَرُوْا وَ

اَوْ	اُنْثٰی	بَعْضُكُمْ	مِّنْۢ بَعْضٍ	فَالَّذِیْنَ	هَاجَرُوْا	وَ
یا	عورت	تمہارے بعض	بعض سے (ہیں)	تو وہ لوگ جو (جنہوں نے)	ہجرت کی	اور

یا عورت۔ تم آپس میں ایک ہی ہو، پس جنہوں نے ہجرت کی اور

عنوان: قیامت کی رسوائی سے بچنے اور جنت ملنے کی دعا — ہجرت اور جہاد کا ثواب

(1) ...... یہاں فرمایا گیا ہے کہ اللہ تعالیٰ نے ان کی دعا قبول فرمالی۔ علماء نے فرمایا ہے کہ یہاں دعا میں پانچ بار "رَبَّنَا" آیا ہے اور اس کے بعد دعا کی قبولیت کی بات ہو رہی ہے، تو اگر دعا میں پانچ مرتبہ "یَا رَبَّنَا" کہہ دیا جائے تو قبولیتِ دعا کی امید ہے۔

اُخْرِجُوْا مِنْ دِیَارِهِمْ وَ اُوْذُوْا فِیْ سَبِیْلِیْ وَ

اُخْرِجُوْا	مِنْ	دِیَارِهِمْ	وَ	اُوْذُوْا	فِیْ	سَبِیْلِیْ	وَ
نکالے گئے	سے	اپنے گھروں	اور	انہیں اذیت دی گئی	میں	میری راہ	اور

اپنے گھروں سے نکالے گئے اور میری راہ میں انہیں ستایا گیا اور

قٰتَلُوْا وَ قُتِلُوْا لَاُكَفِّرَنَّ عَنْهُمْ سَیِّاٰتِهِمْ

قٰتَلُوْا	وَ	قُتِلُوْا	لَاُكَفِّرَنَّ	عَنْهُمْ	سَیِّاٰتِهِمْ
انہوں نے جہاد کیا	اور	قتل کر دیئے گئے	بیشک میں ضرور مٹادوں گا	ان سے	ان کی برائیاں

انہوں نے جہاد کیا اور قتل کر دیئے گئے تو میں ضرور ان کے سب گناہ ان سے مٹادوں گا

وَ لَاُدْخِلَنَّهُمْ جَنّٰتٍ تَجْرِیْ مِنْ تَحْتِهَا الْاَنْهٰرُ ۚ

وَ	لَاُدْخِلَنَّهُمْ	جَنّٰتٍ	تَجْرِیْ	مِنْ	تَحْتِهَا	الْاَنْهٰرُ
اور	ضرور داخل کروں گا انہیں	(ان) باغات (میں)	بہتی ہیں	سے	ان کے نیچے	نہریں

اور ضرور انہیں ایسے باغات میں داخل کروں گا جن کے نیچے نہریں جاری ہیں

ثَوَابًا مِّنْ عِنْدِ اللّٰهِ ؕ وَ اللّٰهُ عِنْدَهٗ حُسْنُ الثَّوَابِ ﴿۱۹۵﴾

ثَوَابًا	مِّنْ	عِنْدِ اللّٰهِ	وَ	اللّٰهُ	عِنْدَهٗ	حُسْنُ الثَّوَابِ ﴿۱۹۵﴾
(یہ) ثواب	سے	اللہ کے پاس	اور	اللہ	اس کے پاس	اچھا ثواب (ہے)

(یہ) اللہ کی بارگاہ سے اجر ہے اور اللہ ہی کے پاس اچھا ثواب ہے ○

لَا یَغُرَّنَّكَ تَقَلُّبُ الَّذِیْنَ كَفَرُوْا فِی الْبِلَادِ ؕ ﴿۱۹۶﴾

لَا یَغُرَّنَّكَ (1)	تَقَلُّبُ	الَّذِیْنَ	كَفَرُوْا	فِی	الْبِلَادِ ﴿۱۹۶﴾
ہرگز دھوکا نہ دے تمہیں	پھرنا، آنا جانا	ان لوگوں کا جو (جنہوں نے)	کفر کیا	میں	شہروں

اے مخاطب! کافروں کا شہروں میں چلنا پھرنا ہرگز تجھے دھوکا نہ دے ○

عنوان کفار کے عیش و آرام سے دھوکا نہ کھائیں

(1)...... مسلمانوں کی ایک جماعت نے کہا کہ اللہ عَزَّوَجَلَّ کے دشمن کفار و مشرکین تو عیش و آرام میں ہیں اور ہم تنگی میں مبتلا ہیں۔ اس پر یہ آیت نازل ہوئی اور انہیں بتایا گیا کہ کفار کا یہ عیش و آرام دنیوی زندگی کا تھوڑا سا سامان ہے جبکہ ان کا انجام بہت برا ہے۔ اسے یوں سمجھیں کہ کسی کو کہا جائے کہ آپ 10 منٹ دھوپ میں کھڑے ہو جائیں، پھر اُسے ہمیشہ کیلئے ائیر کنڈیشنڈ بنگلہ دے دیا جائے اور دوسرے شخص کو دس منٹ سائے دار درخت کے نیچے بٹھا کر ہمیشہ کیلئے تپتے ہوئے صحرا میں رکھا جائے تو دونوں میں فائدے میں کون رہا؟ یقیناً پہلے والا۔ مسلمان کی حالت پہلے شخص سے بھی بہتر ہے اور کفار کی حالت دوسرے شخص سے بھی بدتر ہے۔

مَتَاعٌ قَلِيۡلٌ ۟ ثُمَّ مَاۡوٰىهُمۡ جَهَنَّمُ ؕ وَبِئۡسَ الۡمِهَادُ ﴿۱۹۷﴾ لٰكِنِ

لٰكِنِ	الۡمِهَادُ ﴿۱۹۷﴾	بِئۡسَ	وَ	جَهَنَّمُ	مَاۡوٰىهُمۡ	ثُمَّ	قَلِيۡلٌ	مَتَاعٌ
لیکن	بچھونا، ٹھکانہ	کیا ہی برا ہے	اور	جہنم (ہے)	ان کا ٹھکانہ	پھر	تھوڑا	سامان

(یہ تو زندگی گزارنے کا) تھوڑا سا سامان ہے پھر ان کا ٹھکانہ جہنم ہو گا اور وہ کیا ہی برا ٹھکانہ ہے ○ لیکن

الَّذِيۡنَ اتَّقَوۡا رَبَّهُمۡ لَهُمۡ جَنّٰتٌ تَجۡرِىۡ مِنۡ تَحۡتِهَا

تَحۡتِهَا	مِنۡ	تَجۡرِىۡ	جَنّٰتٌ	لَهُمۡ	رَبَّهُمۡ	اتَّقَوۡا	الَّذِيۡنَ
ان کے نیچے	سے	بہتی ہیں	باغات (ہیں)	ان کے لئے	اپنے رب (سے)	ڈرے	وہ لوگ جو

وہ لوگ جو اپنے رب سے ڈرتے ہیں ان کے لئے جنتیں ہیں جن کے نیچے نہریں

الۡاَنۡهٰرُ خٰلِدِيۡنَ فِيۡهَا نُزُلًا مِّنۡ عِنۡدِ اللّٰهِ ؕ وَ

وَ	عِنۡدِ اللّٰهِ	مِّنۡ	نُزُلًا	فِيۡهَا	خٰلِدِيۡنَ	الۡاَنۡهٰرُ
اور	اللہ کے پاس	سے	مہمان نوازی کا سامان	ان (باغوں) میں	ہمیشہ رہنے والے	نہریں

بہہ رہی ہیں، ہمیشہ ان میں رہیں گے (یہ) اللہ کی طرف سے مہمان نوازی کا سامان ہے اور

مَا عِنۡدَ اللّٰهِ خَيۡرٌ لِّلۡاَبۡرَارِ ﴿۱۹۸﴾ وَاِنَّ

اِنَّ	وَ	لِّلۡاَبۡرَارِ ﴿۱۹۸﴾	خَيۡرٌ (1)	عِنۡدَ اللّٰهِ	مَا
بیشک	اور	نیک لوگوں کے لئے	(وہ) سب سے بہتر	اللہ کے پاس (ہے)	جو کچھ

جو اللہ کے پاس ہے وہ نیکوں کے لئے بہترین چیز ہے ○ اور بیشک

مِنۡ اَهۡلِ الۡكِتٰبِ لَمَنۡ يُّؤۡمِنُ بِاللّٰهِ وَمَاۤ اُنۡزِلَ

اُنۡزِلَ	مَاۤ	وَ	بِاللّٰهِ	يُّؤۡمِنُ	لَمَنۡ	مِنۡ اَهۡلِ الۡكِتٰبِ
نازل کیا گیا	(اس پر) جو	اور	اللہ پر	ایمان لاتے ہیں	ضرور (کچھ لوگ ہیں) جو	اہلِ کتاب سے

کچھ اہلِ کتاب ایسے ہیں جو اللہ پر اور جو تمہاری طرف نازل کیا گیا اُس پر اور

عنوان کافروں کی راحت و آرام عارضی ہے | مسلمانوں کو جنت میں ابدی راحت و آرام ملے گا

اہلِ کتاب میں سے ایمان لانے والوں کی شان

1 ...... اللہ تعالیٰ نے اپنے نیک بندوں کے لئے وہ نعمتیں تیار کر رکھی ہیں کہ جنہیں نہ کسی آنکھ نے دیکھا، نہ کسی کان نے سنا اور نہ کسی آدمی کے دل پر ان کا خیال گزرا اور جنت کی چھوٹی سی جگہ بھی دنیا اور اس کے ساز و سامان سے بہتر ہے۔

اِلَيْكُمْ وَمَآ اُنْزِلَ اِلَيْهِمْ خٰشِعِيْنَ

اِلَيْكُمْ	وَ	مَآ	اُنْزِلَ	اِلَيْهِمْ	خٰشِعِيْنَ
تمہاری طرف	اور	(اس پر) جو	نازل کیا گیا	ان کی طرف	عاجزی کرتے، جھکتے ہوئے

جو اُن کی طرف نازل کیا گیا اُس پر اِس حال میں ایمان لاتے ہیں کہ ان کے دل

لِلّٰهِ ۙ لَا يَشْتَرُوْنَ بِاٰيٰتِ اللّٰهِ ثَمَنًا قَلِيْلًا ؕ اُولٰٓئِكَ

لِلّٰهِ	لَا يَشْتَرُوْنَ	بِاٰيٰتِ اللّٰهِ	ثَمَنًا	قَلِيْلًا	اُولٰٓئِكَ
اللہ کے لئے	وہ نہیں خریدتے	اللہ کی آیتوں کے بدلے	قیمت	تھوڑی	یہ لوگ

اللہ کے حضور جھکے ہوئے ہیں وہ اللہ کی آیتوں کے بدلے ذلیل قیمت نہیں لیتے۔ یہی وہ لوگ ہیں

لَهُمْ اَجْرُهُمْ عِنْدَ رَبِّهِمْ ؕ اِنَّ اللّٰهَ سَرِيْعُ الْحِسَابِ ﴿۱۹۹﴾

لَهُمْ	اَجْرُهُمْ	عِنْدَ رَبِّهِمْ	اِنَّ	اللّٰهَ	سَرِيْعُ الْحِسَابِ ﴿۱۹۹﴾
ان کے لئے	ان کا اجر، ثواب	ان کے رب کے پاس	بیشک	اللہ	جلد حساب لینے والا (ہے)

جن کا ثواب ان کے رب کے پاس ہے اور اللہ جلد حساب کرنے والا ہے ○

يٰٓاَيُّهَا الَّذِيْنَ اٰمَنُوا اصْبِرُوْا وَصَابِرُوْا وَ

يٰٓاَيُّهَا	الَّذِيْنَ	اٰمَنُوا	اصْبِرُوْا (1)	وَ	صَابِرُوْا	وَ
اے	وہ لوگو جو	ایمان لائے	صبر کرو	اور	صبر میں دشمن سے آگے رہو	اور

اے ایمان والو! صبر کرو اور صبر میں دشمنوں سے آگے رہو اور

رَابِطُوْا ۫ وَاتَّقُوا اللّٰهَ لَعَلَّكُمْ تُفْلِحُوْنَ ﴿۲۰۰﴾ ع

رَابِطُوْا	وَ	اتَّقُوا	اللّٰهَ	لَعَلَّكُمْ	تُفْلِحُوْنَ ﴿۲۰۰﴾
(اسلامی سرحد کی) نگہبانی کرو	اور	ڈرتے رہو	اللہ (سے)	تاکہ تم	فلاح، کامیابی پاؤ

اسلامی سرحد کی نگہبانی کرو اور اللہ سے ڈرتے رہو اس امید پر کہ تم کامیاب ہو جاؤ ○

عنوان: کامیاب کرنے والے اعمال

(1)...... صبر کا معنیٰ ہے نفس کو اس چیز سے روکنا جو شریعت اور عقل کے تقاضوں کے مطابق نہ ہو۔ اور مُصَابرہ کا ایک معنیٰ ہے دوسروں کی ایذا رسانیوں پر صبر کرنا۔ صبر کے تحت اس کی تمام اقسام داخل ہیں جیسے بنیادی عقائد کا علم حاصل کرنے کی مشقت پر صبر کرنا، واجبات اور مستحبات کی ادائیگی اور ممنوعات سے بچنے کی مشقت پر صبر کرنا نیز دنیا کی مصیبتوں اور آفتوں پر صبر کرنا اور مُصَابرہ میں گھر والوں، پڑوسیوں اور رشتہ داروں کی بد اخلاقی برداشت کرنا اور برا سلوک کرنے والوں سے بدلہ نہ لینا داخل ہے، اسی طرح نیکی کا حکم دینا، برائی سے منع کرنا اور کفار کے ساتھ جہاد کرنا بھی مُصَابرہ میں داخل ہے۔

آیات:176 رکوع:24

سُوۡرَۃُ النِّسَآءِ مَدَنِیَّۃٌ

بِسۡمِ اللّٰہِ الرَّحۡمٰنِ الرَّحِیۡمِ

بِسۡمِ	اللّٰہِ	الرَّحۡمٰنِ	الرَّحِیۡمِ
نام سے (شروع)	اللہ	نہایت مہربان	رحمت والا

اللہ کے نام سے شروع جو نہایت مہربان، رحمت والا ہے۔

یٰۤاَیُّهَا النَّاسُ اتَّقُوۡا رَبَّكُمُ الَّذِیۡ خَلَقَكُمۡ مِّنۡ نَّفۡسٍ وَّاحِدَۃٍ

یٰۤاَیُّهَا	النَّاسُ (1)	اتَّقُوۡا	رَبَّكُمُ	الَّذِیۡ	خَلَقَكُمۡ	مِّنۡ	نَّفۡسٍ وَّاحِدَۃٍ
اے	لوگو	ڈرو	اپنے رب (سے)	جس نے	پیدا کیا تمہیں	سے	ایک جان

اے لوگو! اپنے رب سے ڈرو جس نے تمہیں ایک جان سے پیدا کیا

وَّخَلَقَ مِنۡهَا زَوۡجَهَا وَبَثَّ مِنۡهُمَا رِجَالًا

وَّ	خَلَقَ	مِنۡهَا	زَوۡجَهَا	وَ	بَثَّ	مِنۡهُمَا	رِجَالًا
اور	پیدا کیا	اس میں سے	اس کا جوڑا (بیوی)	اور	پھیلا دیئے	ان دونوں سے	مرد

اور اسی میں سے اس کا جوڑا پیدا کیا اور ان دونوں سے کثرت سے مرد و عورت

كَثِیۡرًا وَّنِسَآءً ۚ وَاتَّقُوا اللّٰہَ الَّذِیۡ تَسَآءَلُوۡنَ

كَثِیۡرًا	وَّ	نِسَآءً	وَ	اتَّقُوا	اللّٰہَ	الَّذِیۡ	تَسَآءَلُوۡنَ
بہت سے	اور	عورتیں	اور	ڈرو	اللہ (سے)	جو	تم ایک دوسرے سے مانگتے ہو

پھیلا دیئے اور اللہ سے ڈرو جس کے نام پر ایک دوسرے سے

عنوان: تخلیقِ انسانیت کی ابتداء — حضرت آدم و حوا سے نسل در نسل انسانوں کا سلسلہ جاری ہوا — اللہ تعالیٰ سے ڈرنے اور رشتہ داری توڑنے سے بچنے کا حکم

(1)......اس آیت مبارکہ میں تمام بنی آدم کو خطاب ہے اور سب کو تقویٰ کا حکم دیا گیا ہے، مزید یہ چیزیں بیان ہوئی ہیں: اللہ تعالیٰ نے تمام انسانوں کو ایک جان یعنی حضرت آدم عَلَیۡهِ الصَّلٰوۃُ وَالسَّلَام سے پیدا کیا۔ پھر ان کے وجود سے ان کا جوڑا یعنی حضرت حوا رَضِیَ اللّٰہُ تَعَالٰی عَنۡهَا کو پیدا کیا۔ انہی دونوں حضرات سے زمین میں نسل در نسل کثرت سے مرد و عورت کا سلسلہ جاری ہوا۔ چونکہ نسلِ انسانی کے پھیلنے سے باہم ظلم اور حق تلفی کا سلسلہ بھی شروع ہوا لہٰذا خوفِ خدا کا حکم دیا گیا تاکہ ظلم سے بچیں اور چونکہ ظلم کی ایک صورت اور بدتر صورت رشتے داروں سے قطع تعلقی ہے لہٰذا اس سے بچنے کا حکم دیا۔

بِهٖ وَالْاَرْحَامَ ؕ اِنَّ اللّٰهَ كَانَ عَلَيْكُمْ

بِهٖ	وَ	الْاَرْحَامَ	اِنَّ	اللّٰهَ	كَانَ	عَلَيْكُمْ
اس کے (نام کے) ساتھ	اور	رشتہ داریاں (توڑنے سے بچو)	بیشک	اللہ	ہے	تمہارے اوپر

مانگتے ہو اور رشتوں (کو توڑنے سے بچو۔) بیشک اللہ تم پر

رَقِيْبًا ① وَاٰتُوا الْيَتٰمٰٓى اَمْوَالَهُمْ وَلَا تَتَبَدَّلُوا

رَقِيْبًا ①	وَ	اٰتُوا (1)	الْيَتٰمٰٓى	اَمْوَالَهُمْ	وَ	لَا تَتَبَدَّلُوا
نگہبان	اور	دے دو	یتیموں (کو)	ان کے مال	اور	نہ بدلو

نگہبان ہے ○ اور یتیموں کو ان کے مال دے دو اور

الْخَبِيْثَ بِالطَّيِّبِ ۪ وَلَا تَاْكُلُوْٓا اَمْوَالَهُمْ

الْخَبِيْثَ	بِالطَّيِّبِ	وَ	لَا تَاْكُلُوْٓا	اَمْوَالَهُمْ
ناپاک، گندے (مال کو)	پاکیزہ، ستھرے کے بدلے	اور	نہ کھاؤ	ان کے مال

پاکیزہ مال کے بدلے گندا مال نہ لو اور ان کے مالوں کو

اِلٰٓى اَمْوَالِكُمْ ؕ اِنَّهٗ كَانَ حُوْبًا كَبِيْرًا ② وَاِنْ

اِلٰٓى	اَمْوَالِكُمْ	اِنَّهٗ	كَانَ	حُوْبًا	كَبِيْرًا ②	وَ	اِنْ
کی طرف (کے ساتھ ملا کر)	اپنے مالوں	بیشک وہ	ہے	گناہ	بڑا	اور	اگر

اپنے مالوں میں ملا کر نہ کھاؤ بیشک یہ بڑا گناہ ہے ○ اور اگر

خِفْتُمْ اَلَّا تُقْسِطُوْا فِي الْيَتٰمٰى فَانْكِحُوْا مَا

خِفْتُمْ	اَلَّا تُقْسِطُوْا (2)	فِي	الْيَتٰمٰى	فَانْكِحُوْا	مَا
تمہیں ڈر ہو، اندیشہ ہو	کہ انصاف نہ کرسکو گے	(کے بارے) میں	یتیم (لڑکیوں)	تو نکاح کرو	جو

تمہیں اندیشہ ہو کہ یتیم لڑکیوں میں انصاف نہ کرسکو گے تو ان عورتوں سے

عنوان: یتیموں کو گھٹیا مال دینا اور ان کا مال کھا جانا حرام ہے — مرد کو ایک وقت میں چار عورتوں سے نکاح جائز ہے

(1)...... یعنی جب یتیم اپنا مال طلب کریں تو شرعی تقاضے پورے کر کے انہیں ان کا مال دے دو اور اپنے حلال مال کے بدلے یتیم کا مال نہ لو جو تمہارے لئے حرام ہے۔ جس کی ایک صورت یہ ہے کہ اپنا گھٹیا مال یتیم کو دے کر اس کا عمدہ مال لے لو۔ تمہارا گھٹیا مال تمہارے لئے عمدہ ہے کیونکہ یہ تمہارے لئے حلال ہے جبکہ یتیم کا عمدہ مال تمہارے لئے گھٹیا ہے کیونکہ وہ تم پر حرام ہے۔ (2)...... پہلے زمانہ میں مدینہ کے لوگ اپنی زیرِ سرپرستی یتیم لڑکیوں سے اُن کے مال کی وجہ سے نکاح کر لیتے، پھر اُن کے نہ حقوق پورے کرتے اور نہ اچھا سلوک کرتے اور اُن کی وراثت پانے کے لئے اُن کی موت کے منتظر رہتے، یہاں اُنہیں اِس حرکت سے روکا گیا ہے۔

طَابَ لَكُمۡ مِّنَ النِّسَآءِ مَثۡنٰی وَ ثُلٰثَ وَ

طَابَ	لَكُمۡ	مِّنَ	النِّسَآءِ	مَثۡنٰی	وَ	ثُلٰثَ	وَ
پسند آئیں	تمہارے لئے (تمہیں)	سے	عورتوں	دو دو	اور	تین تین	اور

نکاح کرو جو تمہیں پسند ہوں، دو دو اور تین تین اور

رُبٰعَ ۚ فَاِنۡ خِفۡتُمۡ اَلَّا تَعۡدِلُوۡا فَوَاحِدَةً اَوۡ

رُبٰعَ	فَاِنۡ	خِفۡتُمۡ (1)	اَلَّا تَعۡدِلُوۡا	فَوَاحِدَةً	اَوۡ
چار چار	پھر اگر	تمہیں ڈر ہو	کہ عدل نہ کر سکو گے	تو ایک (عورت سے نکاح کرو)	یا

چار چار پھر اگر تمہیں اس بات کا ڈر ہو کہ تم انصاف نہیں کر سکو گے تو صرف ایک (سے نکاح کرو) یا

مَا مَلَكَتۡ اَيۡمَانُكُمۡ ؕ ذٰلِكَ اَدۡنٰۤی اَلَّا تَعُوۡلُوۡا ؕ ۳

مَا	مَلَكَتۡ	اَيۡمَانُكُمۡ	ذٰلِكَ	اَدۡنٰۤی	اَلَّا تَعُوۡلُوۡا ۳
جن کے	مالک ہوئے	تمہارے دائیں ہاتھ	یہ	زیادہ قریب ہے	(اس سے) کہ تم ناانصافی نہ کرو

لونڈیوں (پر گزارا کرو) جن کے تم مالک ہو۔ یہ اس سے زیادہ قریب ہے کہ تم سے ظلم نہ ہو ○

وَاٰتُوا النِّسَآءَ صَدُقٰتِهِنَّ نِحۡلَةً ؕ فَاِنۡ

وَ	اٰتُوا (2)	النِّسَآءَ	صَدُقٰتِهِنَّ	نِحۡلَةً	فَاِنۡ
اور	دے دو	عورتوں (کو)	ان کے مہر	خوش دلی کے ساتھ	پھر اگر

اور عورتوں کو ان کے مہر خوشی سے دو پھر اگر

طِبۡنَ لَكُمۡ عَنۡ شَیۡءٍ مِّنۡهُ نَفۡسًا

طِبۡنَ	لَكُمۡ	عَنۡ	شَیۡءٍ	مِّنۡهُ	نَفۡسًا
وہ (عورتیں) خوشی سے دیں	تمہارے لئے (تمہیں)	سے	کسی چیز (کچھ)	اس (مہر) سے	دل (سے)

وہ خوش دلی سے مہر میں سے تمہیں کچھ دے دیں

عنوان

- عدل نہ کر سکنے کی صورت میں صرف ایک عورت سے نکاح کی اجازت
- بیوی کو بوجھ سمجھ کر نہیں بلکہ خوشی سے مہر دینا چاہئے
- عورت کا اپنی خوشی سے دیا ہوا مہر شوہر کے لئے حلال ہے

(1)...... آیت میں چار تک شادیاں کرنے کی اجازت دی گئی ہے لیکن یہ اس صورت میں ہے جب شوہر بیویوں کے درمیان عدل کر سکے۔ بیویوں کے درمیان عدل کرنا فرض ہے، اس میں نئی، پرانی، کنواری یا دوسرے کی مطلقہ، بیوہ سب برابر ہیں۔ یہ عدل لباس، کھانے پینے، رہنے کی جگہ اور رات کو ساتھ رہنے میں لازم ہے۔ ان امور میں سب کے ساتھ یکساں سلوک ہو۔ (2)...... اس آیت میں اللہ تعالیٰ نے شوہروں کو حکم دیا کہ وہ اپنی بیویوں کو ان کے مہر خوشی سے ادا کریں پھر اگر ان کی بیویاں خوش دلی سے اپنے مہر میں سے انہیں کچھ تحفے کے طور پر دے دیں تو وہ اسے پاکیزہ اور خوشگوار سمجھ کر کھائیں، اس میں ان کا کوئی دنیوی یا اُخروی نقصان نہیں ہے۔

فَكُلُوْهُ هَنِيْٓــًٔا مَّرِيْٓــًٔا ۝۴ وَلَا تُؤْتُوا السُّفَهَآءَ

فَكُلُوْهُ	هَنِيْٓــًٔا	مَّرِيْٓــًٔا ۝۴	وَ	لَا تُؤْتُوا (1)	السُّفَهَآءَ
تو کھاؤ اسے	پاکیزہ	خوشگوار	اور	تم نہ دو	ناسمجھوں (کو)

تو اسے پاکیزہ، خوشگوار (سمجھ کر) کھاؤ ۝ اور کم عقلوں کو

اَمْوَالَكُمُ الَّتِیْ جَعَلَ اللّٰهُ لَكُمْ

اَمْوَالَكُمُ	الَّتِیْ	جَعَلَ	اللّٰهُ	لَكُمْ
اپنے (پاس موجود) مال	وہ جو (جنہیں)	بنایا	اللہ (نے)	تمہارے لئے

ان کے وہ مال نہ دو جسے اللہ نے تمہارے لئے

قِیٰمًا وَّارْزُقُوْهُمْ فِیْهَا وَاكْسُوْهُمْ وَقُوْلُوْا

قِیٰمًا	وَّ	ارْزُقُوْهُمْ	فِیْهَا	وَ	اكْسُوْهُمْ	وَ	قُوْلُوْا
گزر بسر کا ذریعہ	اور	کھلاؤ انہیں	اس (مال) میں سے	اور	پہناؤ انہیں	اور	کہو

گزر بسر کا ذریعہ بنایا ہے اور انہیں اس مال میں سے کھلاؤ اور پہناؤ اور ان سے

لَهُمْ قَوْلًا مَّعْرُوْفًا ۝۵ وَابْتَلُوا الْیَتٰمٰى حَتّٰۤى اِذَا

لَهُمْ	قَوْلًا	مَّعْرُوْفًا ۝۵	وَ	ابْتَلُوا	الْیَتٰمٰى	حَتّٰۤى	اِذَا
ان سے	بات	اچھی	اور	آزماتے رہو	یتیموں (کو)	یہاں تک کہ	جب

اچھی بات کہو ۝ اور یتیموں (کی سمجھداری) کو آزماتے رہو یہاں تک کہ جب

بَلَغُوا النِّكَاحَ ۚ فَاِنْ اٰنَسْتُمْ مِّنْهُمْ رُشْدًا فَادْفَعُوْۤا

بَلَغُوا	النِّكَاحَ	فَاِنْ	اٰنَسْتُمْ	مِّنْهُمْ	رُشْدًا	فَادْفَعُوْۤا
وہ پہنچ جائیں	نکاح (کی عمر تک)	پھر اگر	تم دیکھو	ان سے	سمجھداری، صلاحیت	تو دے دو

وہ نکاح کے قابل ہوں تو اگر تم ان کی سمجھداری دیکھو تو ان کے مال

عنوان ناسمجھ یتیموں کو ان کا مال نہ دیا جائے اور ان سے اچھی بات کہی جائے | یتیموں کے مال سے متعلق چند احکام اور سرپرستوں کو خصوصی ہدایات

(1)...... اس آیت میں چند احکام بیان فرمائے جن کا خلاصہ یہ ہے کہ جن بچوں کی پرورش تمہارے ذمہ ہے اور ان کا مال تمہارے پاس ہے اور وہ بچے اتنی سمجھ نہیں رکھتے کہ مال کو صحیح خرچ کر سکیں تو اگر ان کا مال اُن پر چھوڑ دیا جائے تو وہ جلد ضائع کر دیں گے لہٰذا جب تک مال کی اچھی طرح سمجھ بوجھ انہیں حاصل نہ ہو جائے تب تک ان کے مال اُن کے حوالے نہ کرو بلکہ اُن کی ضروریات اُن کے مال سے پوری کرتے رہو البتہ ان سے اچھی بات کہتے رہو جس سے اِن کے دل کو تسلی رہے اور وہ پریشان نہ ہوں۔

اِلَيۡهِمۡ اَمۡوَالَهُمۡ ۚ وَلَا تَاۡكُلُوۡهَاۤ اِسۡرَافًا

اِلَيۡهِمۡ	اَمۡوَالَهُمۡ	وَ	لَا تَاۡكُلُوۡهَاۤ (1)	اِسۡرَافًا
ان کی طرف (انہیں)	ان کے مال	اور	نہ کھاؤ ان (مالوں) کو	فضول خرچی (سے)

ان کے حوالے کر دو اور ان کے مال فضول خرچی سے اور (اس ڈر سے)

وَّبِدَارًا اَنۡ يَّكۡبَرُوۡا ؕ وَمَنۡ كَانَ غَنِيًّا فَلۡيَسۡتَعۡفِفۡ ۚ

وَّ	بِدَارًا	اَنۡ	يَّكۡبَرُوۡا	وَ	مَنۡ	كَانَ	غَنِيًّا	فَلۡيَسۡتَعۡفِفۡ
اور	جلدی (کر کے)	کہ	وہ بڑے ہو جائیں گے	اور	جو	ہو	مالدار	تو اسے بچنا چاہئے

جلدی جلدی نہ کھاؤ کہ وہ بڑے ہو جائیں گے اور جسے حاجت نہ ہو تو وہ بچے

وَمَنۡ كَانَ فَقِيۡرًا فَلۡيَاۡكُلۡ بِالۡمَعۡرُوۡفِ ؕ فَاِذَا

وَ	مَنۡ	كَانَ	فَقِيۡرًا	فَلۡيَاۡكُلۡ	بِالۡمَعۡرُوۡفِ	فَاِذَا
اور	جو	ہو	فقیر، محتاج	تو وہ کھا سکتا ہے	بھلائی کے ساتھ (مناسب مقدار میں)	پھر جب

اور جو حاجت مند ہو وہ بقدر مناسب کھا سکتا ہے پھر جب

دَفَعۡتُمۡ اِلَيۡهِمۡ اَمۡوَالَهُمۡ فَاَشۡهِدُوۡا عَلَيۡهِمۡ ؕ وَكَفٰى بِاللّٰهِ

دَفَعۡتُمۡ	اِلَيۡهِمۡ	اَمۡوَالَهُمۡ	فَاَشۡهِدُوۡا	عَلَيۡهِمۡ	وَ	كَفٰى	بِاللّٰهِ
تم دے دو	ان کی طرف (انہیں)	ان کے مال	تو تم گواہ بنا لو	ان پر	اور	کافی ہے	اللہ

تم ان کے مال ان کے حوالے کرو تو ان پر گواہ کر لو اور حساب لینے کے لئے

حَسِيۡبًا ﴿۶﴾ لِلرِّجَالِ نَصِيۡبٌ مِّمَّا تَرَكَ الۡوَالِدٰنِ وَ

حَسِيۡبًا ﴿۶﴾	لِلرِّجَالِ	نَصِيۡبٌ	مِّمَّا	تَرَكَ	الۡوَالِدٰنِ	وَ
حساب لینے والا	مردوں کے لئے	حصہ	(اس مال) سے جو	چھوڑ گئے	ماں باپ	اور

اللہ کافی ہے ○ مردوں کے لئے اس (مال) میں سے (وراثت کا) حصہ ہے جو ماں باپ اور

عنوان مردوں کے ساتھ ساتھ عورتیں بھی وراثت کی حقدار ہیں

(1) ...... یہاں سرپرستوں کو بطورِ خاص چند ہدایات دی گئی ہیں چنانچہ فرمایا کہ یتیموں کے مال کو فضول خرچی سے استعمال نہ کرو اور اس ڈر سے ان کا مال جلدی جلدی نہ کھاؤ کہ بڑے ہونے پر انہیں ان کا مال واپس کرنا پڑے گا تو اس چکر میں جتنا زیادہ ہو سکے ان کا مال کھا جاؤ، ایسا نہ کرنا کیونکہ یہ حرام ہے۔ مزید ہدایت یہ ہے کہ یتیم کا سرپرست اگر خود مالدار ہو یعنی اسے یتیم کا مال استعمال کرنے کی حاجت نہیں تو وہ اس کا مال استعمال کرنے سے بچے جبکہ اگر کوئی حاجت مند ہو وہ بقدر مناسب کھا سکتا ہے یعنی جتنی معمولی سی ضرورت ہو۔ اس میں کوشش یہ ہونی چاہئے کہ کم سے کم کھائے۔

الْاَقْرَبُوْنَ ۪ وَلِلنِّسَآءِ نَصِيْبٌ مِّمَّا تَرَكَ الْوَالِدٰنِ وَ

الْاَقْرَبُوْنَ	وَ	لِلنِّسَآءِ (1)	نَصِيْبٌ	مِّمَّا	تَرَكَ	الْوَالِدٰنِ	وَ
رشتے دار	اور	عورتوں کے لئے	حصہ	(اس مال) سے جو	چھوڑ گئے	ماں باپ	اور

رشتے دار چھوڑ گئے اور عورتوں کے لئے اس میں سے حصہ ہے جو ماں باپ اور

الْاَقْرَبُوْنَ مِمَّا قَلَّ مِنْهُ اَوْ كَثُرَ ؕ نَصِيْبًا مَّفْرُوْضًا ﴿۷﴾ وَ

الْاَقْرَبُوْنَ	مِمَّا	قَلَّ	مِنْهُ	اَوْ	كَثُرَ	نَصِيْبًا	مَّفْرُوْضًا ﴿۷﴾	وَ
رشتے دار	(اس) سے جو	تھوڑا (ہو)	اس سے	یا	زیادہ	حصہ	مقرر کیا ہوا	اور

رشتے دار چھوڑ گئے، مال وراثت تھوڑا ہو یا زیادہ۔ (اللہ نے یہ) مقرر حصہ (بنایا ہے۔)○ اور

اِذَا حَضَرَ الْقِسْمَةَ اُولُوا الْقُرْبٰى وَالْيَتٰمٰى وَ

اِذَا	حَضَرَ	الْقِسْمَةَ	اُولُوا الْقُرْبٰى	وَ	الْيَتٰمٰى	وَ
جب	حاضر ہو، آجائیں	تقسیم (کے وقت)	قرابت والے، رشتہ دار	اور	یتیم	اور

جب تقسیم کرتے وقت رشتہ دار اور یتیم اور

الْمَسٰكِيْنُ فَارْزُقُوْهُمْ مِّنْهُ وَقُوْلُوْا لَهُمْ قَوْلًا مَّعْرُوْفًا ﴿۸﴾

الْمَسٰكِيْنُ	فَارْزُقُوْهُمْ (2)	مِّنْهُ	وَ	قُوْلُوْا	لَهُمْ	قَوْلًا	مَّعْرُوْفًا ﴿۸﴾
مساکین	تو دو انہیں	اس سے (کچھ)	اور	کہو	ان سے	بات	اچھی

مسکین آجائیں تو اس مال میں سے انہیں بھی کچھ دے دو اور ان سے اچھی بات کہو○

وَلْيَخْشَ الَّذِيْنَ لَوْ تَرَكُوْا مِنْ خَلْفِهِمْ ذُرِّيَّةً ضِعٰفًا

وَلْيَخْشَ	الَّذِيْنَ	لَوْ	تَرَكُوْا	مِنْ	خَلْفِهِمْ	ذُرِّيَّةً	ضِعٰفًا
اور چاہئے کہ ڈریں	وہ لوگ جو	اگر	چھوڑ جائیں	سے	اپنے پیچھے	اولاد	کمزور

اور وہ لوگ ڈریں جو اگر اپنے پیچھے کمزور اولاد چھوڑتے

عنوان: تقسیم میراث سے پہلے غیر وارثوں کو کچھ مال دینے اور ان سے اچھی بات کہنے کی ترغیب | سرپرست یتیموں کے ساتھ اپنی اولاد جیسا سلوک کریں

(1)...... یہاں زمانہ جاہلیت میں عورتوں اور بچوں کو وراثت سے حصہ نہ دینے کی رسم کو باطل کیا گیا۔ اس سے معلوم ہوا کہ بیٹے کو میراث دینا اور بیٹی کو نہ دینا صریح ظلم اور قرآن کے خلاف ہے، دونوں میراث کے حقدار ہیں۔ نیز معلوم ہوا کہ اسلام میں عورتوں کے حقوق کی بہت اہمیت ہے۔ (2)...... غیر وارثوں کو وراثت کے مال میں سے کچھ دینا مستحب ہے۔ اس پر یوں بھی عمل ہو سکتا ہے کہ دادا اپنے یتیم پوتے کے بارے میں وصیت کر جائے یا وارث اپنے حصے سے اسے کچھ دے دیں۔ اس حکم پر عمل کرنے میں مسلمانوں میں بہت سستی پائی جاتی ہے، البتہ یہ یاد رہے کہ نابالغ اور غیر موجود وارث کے حصہ سے دینے کی اجازت نہیں۔

خَافُوْا عَلَيْهِمْ ۖ فَلْيَتَّقُوا اللّٰهَ وَلْيَقُوْلُوْا

خَافُوْا	عَلَيْهِمْ	فَلْيَتَّقُوا	اللّٰهَ	وَ	لْيَقُوْلُوْا
(تو کیسے) وہ ڈرتے، اندیشے کرتے	ان کے اوپر	تو انہیں ڈرنا چاہئے	اللہ (سے)	اور	انہیں کہنی چاہئے

توان کے بارے میں کیسے اندیشوں کا شکار ہوتے۔ تو انہیں چاہئے کہ اللہ سے ڈریں اور

قَوْلًا سَدِيْدًا ⑨ اِنَّ الَّذِيْنَ يَاْكُلُوْنَ اَمْوَالَ الْيَتٰمٰى ظُلْمًا اِنَّمَا

قَوْلًا	سَدِيْدًا ⑨	اِنَّ	الَّذِيْنَ	يَاْكُلُوْنَ (1)	اَمْوَالَ الْيَتٰمٰى	ظُلْمًا	اِنَّمَا
بات	درست، سیدھی	بیشک	وہ لوگ جو	کھاتے ہیں	یتیموں کے مال	(بطورِ) ظلم	صرف

درست بات کہیں ○ بیشک وہ لوگ جو ظلم کرتے ہوئے یتیموں کا مال کھاتے ہیں وہ

يَاْكُلُوْنَ فِيْ بُطُوْنِهِمْ نَارًا ؕ وَسَيَصْلَوْنَ

يَاْكُلُوْنَ	فِيْ	بُطُوْنِهِمْ	نَارًا	وَ	سَيَصْلَوْنَ
وہ کھاتے ہیں (بھرتے ہیں)	میں	اپنے پیٹوں	آگ	اور	عنقریب وہ داخل ہوں گے

اپنے پیٹ میں بالکل آگ بھرتے ہیں اور عنقریب یہ لوگ

سَعِيْرًا ⑩ ع يُوْصِيْكُمُ اللّٰهُ فِيْٓ اَوْلَادِكُمْ ۗ لِلذَّكَرِ

سَعِيْرًا ⑩	يُوْصِيْكُمُ	اللّٰهُ	فِيْٓ	اَوْلَادِكُمْ	لِلذَّكَرِ
بھڑکتی آگ (میں)	حکم دیتا ہے تمہیں	اللہ	(کے بارے) میں	تمہاری اولاد	مرد کے لئے

بھڑکتی ہوئی آگ میں جائیں گے ○ اللہ تمہیں تمہاری اولاد کے بارے میں حکم دیتا ہے، بیٹے کا حصہ

مِثْلُ حَظِّ الْاُنْثَيَيْنِ ۚ فَاِنْ كُنَّ نِسَآءً فَوْقَ اثْنَتَيْنِ فَلَهُنَّ ثُلُثَا

مِثْلُ حَظِّ الْاُنْثَيَيْنِ	فَاِنْ	كُنَّ	نِسَآءً	فَوْقَ اثْنَتَيْنِ	فَلَهُنَّ	ثُلُثَا
دو عورتوں کے حصے کی مثل	پھر اگر	ہوں	عورتیں	دو سے اوپر	تو ان کے لئے	دو تہائی

دو بیٹیوں کے برابر ہے پھر اگر صرف لڑکیاں ہوں اگرچہ دو سے اوپر تو ان کے لئے ترکے کا

عنوان: یتیموں کا مال ناحق کھانے کی انتہائی سخت وعید — مال وراثت سے متعلق احکام الٰہیہ: بیٹوں کا حصہ — بیٹیوں کا حصہ

(1) ...... یتیموں کا مال ناحق کھانا سخت حرام ہے۔ یاد رکھیں کہ یتیم کا مال کھانا جان بوجھ کر بری نیت سے کھانا تو واضح ہی ہے لیکن بعض اوقات لاعلمی میں بھی یہ گناہ ہو جاتا ہے جیسے جب میت کے ورثاء میں کوئی یتیم ہے تو اس کے مال سے یا اس کے مال سمیت مشترک مال سے فاتحہ تیجہ وغیرہ کا کھانا حرام ہے کہ اس میں یتیم کا حق شامل ہے۔

مَا تَرَكَ ۚ وَ اِنْ كَانَتْ وَاحِدَةً فَلَهَا

مَا	تَرَكَ (1)	وَ	اِنْ	كَانَتْ	وَاحِدَةً	فَلَهَا
(اس مال سے) جو	(مرنے والا) چھوڑ گیا	اور	اگر	ہو	ایک (عورت)	تو اس کے لئے

دو تہائی حصہ ہو گا اور اگر ایک لڑکی ہو تو اس کے لئے

النِّصْفُ ؕ وَلِاَبَوَيْهِ لِكُلِّ وَاحِدٍ مِّنْهُمَا السُّدُسُ

النِّصْفُ	وَ	لِاَبَوَيْهِ	لِكُلِّ وَاحِدٍ مِّنْهُمَا	السُّدُسُ
آدھا حصہ	اور	اس (میت) کے ماں باپ کے لئے	ان دونوں میں سے ہر ایک کے لئے	چھٹا حصہ

آدھا حصہ ہے اور اگر میت کی اولاد ہو تو میت کے ماں باپ میں سے

مِمَّا تَرَكَ اِنْ كَانَ لَهٗ وَلَدٌ ۚ فَاِنْ

مِمَّا	تَرَكَ	اِنْ	كَانَ	لَهٗ	وَلَدٌ	فَاِنْ
(اس مال) سے جو	(مرنے والا) چھوڑ گیا	اگر	ہو	اس (میت) کی	کوئی اولاد	پھر اگر

ہر ایک کے لئے ترکے سے چھٹا حصہ ہو گا پھر اگر

لَّمْ يَكُنْ لَّهٗ وَلَدٌ وَّوَرِثَهٗۤ اَبَوٰهُ

لَّمْ يَكُنْ	لَّهٗ	وَلَدٌ	وَّ	وَرِثَهٗۤ	اَبَوٰهُ
نہ ہو	اس (میت) کی	کوئی اولاد	اور	اس کے وارث بنیں	اس کے والدین

میت کی اولاد نہ ہو اور ماں باپ چھوڑے

فَلِاُمِّهِ الثُّلُثُ ۚ فَاِنْ كَانَ لَهٗۤ اِخْوَةٌ فَلِاُمِّهِ

فَلِاُمِّهِ	الثُّلُثُ	فَاِنْ	كَانَ	لَهٗۤ	اِخْوَةٌ	فَلِاُمِّهِ
تو اس کی ماں کے لئے	تیسرا حصہ	پھر اگر	ہوں	اس کے	بھائی بہن	تو اس کی ماں کے لئے

تو ماں کے لئے تہائی حصہ ہے پھر اگر اس (میت) کے کئی بہن بھائی ہوں تو ماں کا

عنوان: ماں باپ کا حصہ

(1)...... اس آیت سے وراثت کے احکام بیان کئے جا رہے ہیں، اس کے احکام میں کافی تفصیل ہے، انہیں جب تک باقاعدہ کسی کے پاس بیٹھ کر مشق کے ذریعے حل نہ کیا جائے تب تک سمجھنا مشکل ہے اس لئے انہیں سمجھنے کیلئے باقاعدہ کسی علم میراث کے ماہر عالم کے پاس بیٹھ کر سمجھیں۔

السُّدُسُ مِنْۢ بَعْدِ وَصِيَّةٍ يُّوْصِيْ بِهَآ اَوْ

السُّدُسُ	مِنْۢ	بَعْدِ وَصِيَّةٍ	يُّوْصِيْ	بِهَآ	اَوْ
چھٹا حصہ	سے	(اس) وصیت (کو پورا کرنے) کے بعد	(جو) وہ کرتا ہے	اس کی (جس کی)	یا (اور)

چھٹا حصہ ہوگا، (یہ سب احکام) اس وصیت (کو پورا کرنے) کے بعد (ہوں گے) جو وہ (فوت ہونے والا) کر گیا اور

دَيْنٍ ؕ اٰبَآؤُكُمْ وَاَبْنَآؤُكُمْ لَا تَدْرُوْنَ اَيُّهُمْ

دَيْنٍ	اٰبَآؤُكُمْ	وَ	اَبْنَآؤُكُمْ	لَا تَدْرُوْنَ (1)	اَيُّهُمْ
قرض (ادا کرنے کے بعد)	تمہارے ماں باپ	اور	تمہارے بیٹے	تم نہیں جانتے	ان میں سے کون

قرض (کی ادائیگی) کے بعد (ہوں گے۔) تمہارے باپ اور تمہارے بیٹے تمہیں معلوم نہیں کہ ان میں کون

اَقْرَبُ لَكُمْ نَفْعًا ؕ فَرِيْضَةً مِّنَ اللّٰهِ ؕ اِنَّ

اَقْرَبُ	لَكُمْ	نَفْعًا	فَرِيْضَةً	مِّنَ اللّٰهِ	اِنَّ
زیادہ قریب ہے	تمہارے لئے	نفع (کے طور پر)	مقرر کیا ہوا حصہ	اللہ کی طرف سے	بیشک

تمہیں زیادہ نفع دے گا، (یہ) اللہ کی طرف سے مقرر کردہ حصہ ہے۔ بیشک

اللّٰهَ كَانَ عَلِيْمًا حَكِيْمًا ﴿۱۱﴾ وَلَكُمْ نِصْفُ مَا تَرَكَ

اللّٰهَ	كَانَ	عَلِيْمًا	حَكِيْمًا ﴿۱۱﴾	وَ	لَكُمْ	نِصْفُ	مَا	تَرَكَ
اللہ	ہے	علم والا	حکمت والا	اور	تمہارے لئے	آدھا حصہ	(اس کا) جو	چھوڑ جائیں

اللہ بڑے علم والا، حکمت والا ہے ○ اور تمہاری بیویاں جو (مال) چھوڑ جائیں

اَزْوَاجُكُمْ اِنْ لَّمْ يَكُنْ لَّهُنَّ وَلَدٌ ۚ فَاِنْ كَانَ لَهُنَّ

اَزْوَاجُكُمْ	اِنْ	لَّمْ يَكُنْ	لَّهُنَّ	وَلَدٌ	فَاِنْ	كَانَ	لَهُنَّ
تمہاری بیویاں	اگر	نہ ہو	ان (بیویوں) کی	کوئی اولاد	پھر اگر	ہو	ان کی

اگر ان کی اولاد نہ ہو تو اس میں سے تمہارے لئے آدھا حصہ ہے، پھر اگر ان کی

عنوان

- وراثت وصیت پوری کرنے اور قرض کی ادائیگی کے بعد تقسیم ہوگی
- وارثوں اور ان کے حصوں کی مقدار کی مکمل حکمت و مصلحت اللہ تعالیٰ ہی جانتا ہے
- بیوی کی میراث میں شوہر کا حصہ

(1) میراث میں جو حصے مقرر کئے گئے ان کی مقدار کی مکمل حکمت اور مصلحت اللہ تعالیٰ ہی بہتر جانتا ہے، ہماری عقل و شعور کو اس کی گہرائی تک رسائی حاصل نہیں۔

وَلَدٌ فَلَكُمُ الرُّبُعُ مِمَّا تَرَكْنَ مِنْ

وَلَدٌ	فَلَكُمُ	الرُّبُعُ	مِمَّا	تَرَكْنَ	مِنْ
کوئی اولاد	تو تمہارے لئے	چوتھا حصہ	(اس مال) سے جو	وہ چھوڑ گئیں	سے

اولاد ہو تو ان کے ترکہ میں سے تمہارے لئے چوتھائی حصہ ہے۔

بَعْدِ وَصِيَّةٍ يُّوْصِيْنَ بِهَآ اَوْ دَيْنٍ ؕ

بَعْدِ وَصِيَّةٍ (1)	يُّوْصِيْنَ	بِهَآ	اَوْ	دَيْنٍ
وصیت (پوری کرنے) کے بعد	وہ وصیت کریں	اس کی (جس کی)	یا (اور)	قرض (ادا کرنے کے بعد)

(یہ حصے) اس وصیت کے بعد (ہوں گے) جو انہوں نے کی ہو اور قرض (کی ادائیگی) کے بعد (ہوں گے)

وَلَهُنَّ الرُّبُعُ مِمَّا تَرَكْتُمْ اِنْ لَّمْ يَكُنْ لَّكُمْ

وَ	لَهُنَّ	الرُّبُعُ	مِمَّا	تَرَكْتُمْ	اِنْ	لَّمْ يَكُنْ	لَّكُمْ
اور	ان کے لئے	چوتھا حصہ	(اس مال) سے جو	تم چھوڑ جاؤ	اگر	نہ ہو	تمہارے لئے

اور اگر تمہارے اولاد نہ ہو تو تمہارے ترکہ میں سے عورتوں کے لئے چوتھائی حصہ

وَلَدٌ ۚ فَاِنْ كَانَ لَكُمْ وَلَدٌ فَلَهُنَّ الثُّمُنُ

وَلَدٌ	فَاِنْ	كَانَ	لَكُمْ	وَلَدٌ	فَلَهُنَّ	الثُّمُنُ
کوئی اولاد	پھر اگر	ہو	تمہارے لئے	کوئی اولاد	تو ان (بیویوں) کے لئے	آٹھواں حصہ

ہے، پھر اگر تمہارے اولاد ہو تو ان کا تمہارے ترکہ میں سے

مِمَّا تَرَكْتُمْ مِّنْ بَعْدِ وَصِيَّةٍ تُوْصُوْنَ بِهَآ

مِمَّا	تَرَكْتُمْ	مِّنْ	بَعْدِ وَصِيَّةٍ	تُوْصُوْنَ	بِهَآ
(اس مال) سے جو	تم چھوڑ جاؤ	سے	وصیت (پوری کرنے) کے بعد	تم وصیت کرو	اس کی (جس کی)

آٹھواں حصہ ہے (یہ حصے) اس وصیت کے بعد (ہوں گے) جو وصیت تم کر جاؤ

عنوان: شوہر کی میراث میں بیوی کا حصہ

(1) ...... وراثت تقسیم کرنے سے پہلے مرنے والی کی وصیت کو پورا کرنا اور اس کے اوپر جو قرض ہو اسے ادا کرنا ضروری ہے، اس کے بعد جو مال بچے وہ وارثوں میں ان کے حصوں کے مطابق تقسیم ہوگا۔

اَوۡ دَیۡنٍ ؕ وَاِنۡ کَانَ رَجُلٌ یُّوۡرَثُ

اَوۡ	دَیۡنٍ	وَ	اِنۡ	کَانَ	رَجُلٌ	یُّوۡرَثُ
یا(اور)	قرض (ادا کرنے کے بعد)	اور	اگر	ہو	مرد	(جس کی) میراث تقسیم ہونی ہو

اور قرض (کی ادائیگی) کے بعد (ہوں گے۔) اور اگر کسی ایسے مرد یا عورت کا ترکہ تقسیم کیا جانا ہو

کَلٰلَۃً اَوِ امۡرَاَۃٌ وَّلَہٗۤ اَخٌ اَوۡ

کَلٰلَۃً	اَوِامۡرَاَۃٌ	وَّ	لَہٗۤ	اَخٌ	اَوۡ
کلالہ (جس کے ماں باپ اور اولاد نہ ہو)	یا عورت (کلالہ ہو)	اور	اس کا	(ماں کی طرف سے) ایک بھائی	یا

جس نے ماں باپ اور اولاد (میں سے) کوئی نہ چھوڑا اور (صرف) ماں کی طرف سے اس کا ایک بھائی یا

اُخۡتٌ فَلِکُلِّ وَاحِدٍ مِّنۡہُمَا السُّدُسُ ۚ فَاِنۡ

اُخۡتٌ	فَلِکُلِّ وَاحِدٍ مِّنۡہُمَا	السُّدُسُ	فَاِنۡ
ایک بہن (ہو)	تو ان دونوں میں سے ہر ایک کے لئے	چھٹا حصہ	پھر اگر

ایک بہن ہو تو ان میں سے ہر ایک کے لئے چھٹا حصہ ہو گا پھر اگر

کَانُوۡۤا اَکۡثَرَ مِنۡ ذٰلِکَ فَہُمۡ شُرَکَآءُ فِی

کَانُوۡۤا	اَکۡثَرَ	مِنۡ ذٰلِکَ	فَہُمۡ	شُرَکَآءُ	فِی
وہ ہوں	زیادہ	اس سے (ایک سے)	تو وہ	شریک ہیں	میں

وہ (ماں کی طرف والے) بہن بھائی ایک سے زیادہ ہوں تو سب تہائی میں

الثُّلُثِ مِنۡۢ بَعۡدِ وَصِیَّۃٍ یُّوۡصٰی بِہَاۤ اَوۡ

الثُّلُثِ	مِنۡ	بَعۡدِ وَصِیَّۃٍ (1)	یُّوۡصٰی	بِہَاۤ	اَوۡ
تیسرے حصے	سے	وصیت (پوری کرنے) کے بعد	(جو) وصیت کی جائے	اس کی (جس کی)	یا(اور)

شریک ہوں گے (یہ دونوں صورتیں بھی) میت کی اس وصیت اور قرض (کی ادائیگی) کے بعد

عنوان: کلالہ کی میراث کے احکام

(1) ...... میت کی طرف سے کی گئی وصیت اس کے مال کے تیسرے حصے سے پوری کی جائے گی، اس سے زائد کی وصیت وارثوں کی اجازت پر موقوف ہے، وہ چاہیں تو زائد مقدار اپنے اپنے حصوں سے دے سکتے ہیں۔

دَيْنٍ ۙ غَيْرَ مُضَآرٍّ ۚ وَصِيَّةً مِّنَ اللّٰهِ ؕ وَ

دَيْنٍ	غَيْرَ مُضَآرٍّ	وَصِيَّةً	مِّنَ	اللّٰهِ	وَ
قرض (ادا کرنے کے بعد)	(ورثاء کو) نقصان پہنچائے بغیر	(یہ) حکم ہے	کی طرف سے	اللہ	اور

ہوں گی جس (وصیت) میں اس نے (ورثاء کو) نقصان نہ پہنچایا ہو۔ یہ اللہ کی طرف سے حکم ہے اور

اللّٰهُ عَلِيْمٌ حَلِيْمٌ ﴿١٢﴾ تِلْكَ حُدُوْدُ اللّٰهِ ؕ وَمَنْ يُّطِعِ اللّٰهَ وَ

اللّٰهُ	عَلِيْمٌ	حَلِيْمٌ ﴿١٢﴾	تِلْكَ	حُدُوْدُ اللّٰهِ (1)	وَ	مَنْ	يُّطِعِ	اللّٰهَ	وَ
اللہ	علم والا	حلم والا	یہ	اللہ کی حدیں	اور	جو	اطاعت کرے	اللہ (کی)	اور

اللہ بڑے علم والا، بڑے حلم والا ہے ○ یہ اللہ کی حدیں ہیں اور جو اللہ اور اللہ کے رسول کی

رَسُوْلَهٗ يُدْخِلْهُ جَنّٰتٍ تَجْرِيْ مِنْ تَحْتِهَا الْاَنْهٰرُ

رَسُوْلَهٗ	يُدْخِلْهُ	جَنّٰتٍ	تَجْرِيْ	مِنْ	تَحْتِهَا	الْاَنْهٰرُ
اس کے رسول (کی)	وہ داخل کرے گا اسے	باغات (میں)	بہتی ہیں	سے	ان کے نیچے	نہریں

اطاعت کرے تو اللہ اسے جنتوں میں داخل فرمائے گا جن کے نیچے نہریں بہہ رہی ہیں۔

خٰلِدِيْنَ فِيْهَا ؕ وَذٰلِكَ الْفَوْزُ الْعَظِيْمُ ﴿١٣﴾ وَمَنْ

خٰلِدِيْنَ	فِيْهَا	وَ	ذٰلِكَ	الْفَوْزُ	الْعَظِيْمُ ﴿١٣﴾	وَ	مَنْ
ہمیشہ رہنے والے	ان (باغوں) میں	اور	یہ	کامیابی	بڑی	اور	جو

ہمیشہ ان میں رہیں گے، اور یہی بڑی کامیابی ہے ○ اور جو

يَّعْصِ اللّٰهَ وَرَسُوْلَهٗ وَيَتَعَدَّ

يَّعْصِ	اللّٰهَ	وَ	رَسُوْلَهٗ	وَ	يَتَعَدَّ
نافرمانی کرے	اللہ (کی)	اور	اس کے رسول (کی)	اور	گزر جائے

اللہ اور اس کے رسول کی نافرمانی کرے اور اس کی (تمام) حدوں سے

عنوان

وراثت کے احکام اللہ تعالیٰ کی حدیں ہیں

تقسیم میراث میں اللہ و رسول کی اطاعت حصولِ جنت کا ذریعہ ہے

میراث کی تقسیم میں ظلم کرنا عذابِ الٰہی کا باعث ہے

(1)...... وراثت کے مسائل کو اللہ تعالیٰ نے اپنی حدود قرار دیا اور ان کے توڑنے کو اللہ تعالیٰ کی حدیں توڑنا قرار دیا۔ اس سے معلوم ہوا کہ میراث کی تقسیم میں ظلم کرنا عذاب الٰہی کا باعث ہے۔ اس سے ان مسلمانوں کو عبرت پکڑنی چاہیے جو لڑکیوں یا دوسرے وارثوں کو وراثت سے محروم کرتے ہیں۔ حدیث مبارکہ ہے "جو اپنے وارث کو میراث سے محروم کرے اللہ تعالیٰ قیامت کے دن اسے جنت میں اس کے حصے سے محروم کر دے گا۔"

حُدُوْدَهٗ يُدْخِلْهُ نَارًا خَالِدًا فِيْهَا ۪ وَ

حُدُوْدَهٗ	يُدْخِلْهُ	نَارًا	خَالِدًا (1)	فِيْهَا	وَ
اس کی حدوں (سے)	(اللہ) داخل کرے گا اسے	آگ (میں)	ہمیشہ رہنے والا	اس میں	اور

گزر جائے تو اللہ اسے آگ میں داخل کرے گا جس میں (وہ) ہمیشہ رہے گا اور

لَهٗ عَذَابٌ مُّهِيْنٌ ﴿١٤﴾ ع وَالّٰتِيْ يَاْتِيْنَ الْفَاحِشَةَ

لَهٗ	عَذَابٌ	مُّهِيْنٌ ﴿١٤﴾	وَ	الّٰتِيْ	يَاْتِيْنَ	الْفَاحِشَةَ
اس کے لئے	عذاب	ذلیل و رسوا کردینے والا	اور	وہ جو	ارتکاب کرلیں	بے حیائی (بدکاری کا)

اس کے لئے رسوا کُن عذاب ہے ○ اور تمہاری عورتوں میں سے جو

مِنْ نِّسَآىِٕكُمْ فَاسْتَشْهِدُوْا عَلَيْهِنَّ اَرْبَعَةً مِّنْكُمْ ۚ فَاِنْ

مِنْ نِّسَآىِٕكُمْ	فَاسْتَشْهِدُوْا	عَلَيْهِنَّ	اَرْبَعَةً	مِّنْكُمْ	فَاِنْ
تمہاری عورتوں میں سے	تو گواہی طلب کرو	ان پر	چار (مردوں کی)	اپنے میں سے	پھر اگر

بدکاری کرلیں ان پر اپنوں میں سے چار مردوں کی گواہی لو پھر اگر

شَهِدُوْا فَاَمْسِكُوْهُنَّ فِي الْبُيُوْتِ حَتّٰى يَتَوَفّٰهُنَّ

شَهِدُوْا	فَاَمْسِكُوْهُنَّ (2)	فِي	الْبُيُوْتِ	حَتّٰى	يَتَوَفّٰهُنَّ
وہ گواہی دے دیں	تو روک لو، بند کردو انہیں	میں	گھروں	یہاں تک کہ	آجائے انہیں

وہ گواہی دے دیں تو ان عورتوں کو گھر میں بند کردو یہاں تک کہ موت ان (کی زندگی) کو

الْمَوْتُ اَوْ يَجْعَلَ اللّٰهُ لَهُنَّ سَبِيْلًا ﴿١٥﴾ وَالَّذٰنِ

الْمَوْتُ	اَوْ	يَجْعَلَ	اللّٰهُ	لَهُنَّ	سَبِيْلًا ﴿١٥﴾	وَ	الَّذٰنِ
موت	یا	بنادے	اللہ	ان کے لئے	کوئی راہ	اور	وہ دو (مرد و عورت) جو

پورا کردے یا اللہ ان کے لئے کوئی راستہ بنادے ○ اور تم میں جو مرد عورت

عنوان: ابتدائے اسلام میں زانیہ عورتوں کی سزا — زانی مرد و عورت کی بعد میں مقرر ہونے والی ایک سزا

(1) ...... کسی بھی حدِ شرعی کو توڑنا حرام ہے لیکن تمام حدود کو توڑنے والا کافر ہی ہے یعنی جو ایمان کی حد بھی توڑ دیتا ہے اور اس مقام پر یہی مراد ہے کیونکہ یہاں نافرمان کیلئے ہمیشہ جہنم میں داخلے کی وعید ہے اور جہنم میں ہمیشہ کافر ہی رہے گا، مسلمان نہیں۔

(2) ...... زانیہ عورتوں کو موت آنے تک گھروں میں قید رکھنے کا حکم زنا سے متعلق کوڑوں اور رجم کی سزا مقرر ہونے سے پہلے تھا جب زنا کی حد کے بارے میں احکام نازل ہوئے تو یہ حکم منسوخ ہوگیا۔ زنا اور قذف کی سزا کا بیان، سورۂ نور آیت نمبر 2 اور 4 میں بیان ہوا ہے۔

یَّاْتِیٰنِهَا مِنْكُمْ فَاٰذُوْهُمَاۚ فَاِنْ

یَّاْتِیٰنِهَا	مِنْكُمْ	فَاٰذُوْهُمَا(1)	فَاِنْ
ارتکاب کرلیں اس (بدکاری) کا	تم میں سے	تو اذیت دو، تکلیف پہنچاؤ ان دونوں کو	پھر اگر

ایسا کام کریں ان کو تکلیف پہنچاؤ پھر اگر

تَابَا وَ اَصْلَحَا فَاَعْرِضُوْا عَنْهُمَاؕ اِنَّ اللّٰهَ

تَابَا	وَ	اَصْلَحَا	فَاَعْرِضُوْا	عَنْهُمَا	اِنَّ	اللّٰهَ
وہ توبہ کرلیں	اور	(اپنی) اصلاح کرلیں	تو چھوڑ دو، درگزر کرو	ان دونوں سے	بیشک	اللہ

وہ توبہ کرلیں اور اپنی اصلاح کرلیں تو ان کا پیچھا چھوڑ دو۔ بیشک اللہ

كَانَ تَوَّابًا رَّحِیْمًا ﴿۱۶﴾ اِنَّمَا التَّوْبَةُ

كَانَ	تَوَّابًا	رَّحِیْمًا ﴿۱۶﴾	اِنَّمَا	التَّوْبَةُ(2)
ہے	بہت توبہ قبول کرنے والا	رحم فرمانے والا	صرف	(وہ) توبہ (جسے قبول کرنا)

بڑا توبہ قبول کرنے والا، مہربان ہے ○ وہ توبہ جس کا قبول کرنا

عَلَى اللّٰهِ لِلَّذِیْنَ یَعْمَلُوْنَ السُّوْٓءَ بِجَهَالَةٍ

عَلَى اللّٰهِ	لِلَّذِیْنَ	یَعْمَلُوْنَ	السُّوْٓءَ	بِجَهَالَةٍ
اللہ پر (اس کے فضل سے لازم ہے)	ان لوگوں کی ہے جو	کرلیتے ہیں	برائی	نادانی کے ساتھ

اللہ نے اپنے فضل سے لازم کرلیا ہے وہ انہیں کی ہے جو نادانی سے برائی کر بیٹھیں

ثُمَّ یَتُوْبُوْنَ مِنْ قَرِیْبٍ فَاُولٰٓىٕكَ یَتُوْبُ اللّٰهُ عَلَیْهِمْؕ

ثُمَّ	یَتُوْبُوْنَ	مِنْ	قَرِیْبٍ(3)	فَاُولٰٓىٕكَ	یَتُوْبُ اللّٰهُ عَلَیْهِمْ
پھر	وہ توبہ کرلیتے ہیں	سے	قریب (تھوڑی دیر میں)	تو یہ لوگ	توبہ قبول فرمائے گا اللہ ان کی

پھر تھوڑی دیر میں توبہ کرلیں ایسوں پر اللہ اپنی رحمت سے رجوع کرتا ہے

عنوان توبہ قبول ہونے کی ایک صورت

1 ...... زنا کی سزا پہلے ایذا دینا مقرر کی گئی، پھر قید کرنا، پھر کوڑے مارنا یا سنگسار کرنا۔ یہ آیت بھی راجح قول کے مطابق حدِ زنا کی آیت سے منسوخ ہے۔ 2 ...... سچی توبہ کے یہ معنی ہیں کہ بندہ گناہ کو اللہ تعالیٰ کی نافرمانی سمجھتے ہوئے اس پر نادم و پریشان ہو کر فوراً چھوڑ دے اور آئندہ کبھی اس گناہ کے پاس نہ جانے کا سچے دل سے پورا عزم کرے اور جن گناہوں کا ازالہ بنتا ہے ان کا ازالہ کرے جیسے نماز روزہ ترک کیا تو قضا کرے اور کسی کا ناحق مال لیا جیسے چوری، غصب یا رشوت میں تو اسے واپس لوٹائے اور جہاں معافی مانگنا ضروری ہو وہاں معافی مانگے۔ 3 ...... یہاں "تھوڑی دیر" سے مراد موت کے وقت عالمِ بالا کی چیزیں نظر آنے سے پہلے تک کا وقت ہے۔

وَ كَانَ اللّٰهُ عَلِيْمًا حَكِيْمًا ﴿١٧﴾ وَلَيْسَتِ التَّوْبَةُ لِلَّذِيْنَ

وَ	كَانَ	اللّٰهُ	عَلِيْمًا (1)	حَكِيْمًا ﴿١٧﴾	وَ	لَيْسَتِ	التَّوْبَةُ	لِلَّذِيْنَ
اور	ہے	اللہ	علم والا	حکمت والا	اور	نہیں ہے	توبہ	ان لوگوں کی جو

اور اللہ علم و حکمت والا ہے ○ اور ان لوگوں کی توبہ نہیں جو

يَعْمَلُوْنَ السَّيِّاٰتِ ۚ حَتّٰۤى اِذَا حَضَرَ اَحَدَهُمُ

يَعْمَلُوْنَ	السَّيِّاٰتِ	حَتّٰۤى	اِذَا	حَضَرَ	اَحَدَهُمُ
کرتے رہتے ہیں	برائیاں	یہاں تک کہ	جب	آنے لگتی ہے	ان میں سے کسی ایک (کو)

گناہوں میں لگے رہتے ہیں یہاں تک کہ جب ان میں کسی کو

الْمَوْتُ قَالَ اِنِّیْ تُبْتُ الْـٰٔنَ وَ لَا الَّذِيْنَ يَمُوْتُوْنَ

الْمَوْتُ	قَالَ	اِنِّیْ	تُبْتُ	الْـٰٔنَ	وَ	لَا	الَّذِيْنَ	يَمُوْتُوْنَ
موت	(تو) کہتا ہے	بیشک میں	میں نے توبہ کی	اب	اور	نہ	ان لوگوں کی جو	مرجائیں

موت آئے تو کہنے لگے اب میں نے توبہ کی اور نہ ان لوگوں کی (کوئی توبہ ہے) جو

وَ هُمْ كُفَّارٌ ؕ اُولٰٓىِٕكَ اَعْتَدْنَا لَهُمْ عَذَابًا

وَ	هُمْ	كُفَّارٌ	اُولٰٓىِٕكَ	اَعْتَدْنَا	لَهُمْ	عَذَابًا
اور (حالانکہ)	وہ	کفار (ہیں)	یہ لوگ	ہم نے تیار کر رکھا ہے	ان کے لئے	عذاب

کفر کی حالت میں مریں۔ ان کے لئے ہم نے دردناک عذاب

اَلِيْمًا ﴿١٨﴾ يٰۤاَيُّهَا الَّذِيْنَ اٰمَنُوْا لَا يَحِلُّ لَكُمْ اَنْ تَرِثُوا

اَلِيْمًا ﴿١٨﴾	يٰۤاَيُّهَا	الَّذِيْنَ	اٰمَنُوْا	لَا يَحِلُّ	لَكُمْ	اَنْ	تَرِثُوا
دردناک	اے	وہ لوگو جو	ایمان لائے	حلال نہیں	تمہارے لئے	کہ	تم وارث بن جاؤ

تیار کر رکھا ہے ○ اے ایمان والو! تمہارے لئے حلال نہیں کہ تم زبردستی

عنوان: ان لوگوں کا بیان جن کی توبہ مقبول نہیں | عورتوں کا زبردستی وارث بننے اور ان کے مہر پر قبضہ جمانے کی جاہلانہ رسم کا خاتمہ

(1)...... اسلام میں توبہ کا قانون بنانا عین حکمت و علم پر مبنی ہے۔ جن دینوں میں توبہ نہیں ان کے ماننے والے گناہ پر زیادہ دلیر ہوتے ہیں کیونکہ مایوسی جرم پر دلیر کر دیتی ہے اور معافی کی امید توبہ پر ابھارتی ہے۔ جس شخص کو پھانسی کی سزا سنا دی گئی ہو اسے سب سے جدا قید میں رکھا جاتا ہے تاکہ کسی اور کو قتل نہ کر دے کیونکہ وہ اپنی زندگی سے مایوس ہو چکا ہے اور جسے ایک مقررہ مدت تک سزا کے بعد رہائی کا حکم ہو اسے دیگر مجرموں کے ساتھ قید میں رکھا جاتا ہے، اس سے یہ خطرہ نہیں ہوتا کیونکہ اسے رہائی کی امید ہے۔

النِّسَآءَ كَرْهًا ؕ وَ لَا تَعْضُلُوْهُنَّ لِتَذْهَبُوْا بِبَعْضِ مَآ

النِّسَآءَ	كَرْهًا (1)	وَ	لَا تَعْضُلُوْهُنَّ	لِتَذْهَبُوْا بِبَعْضِ	مَآ
عورتوں (کے)	زبردستی	اور	نہ روکو انہیں	تاکہ لے لو کچھ حصہ	(اس سے) جو

عورتوں کے وارث بن جاؤ اور عورتوں کو اس نیت سے روکو نہیں کہ جو مہر تم نے انہیں دیا تھا

اٰتَیْتُمُوْهُنَّ اِلَّاۤ اَنْ یَّاْتِیْنَ بِفَاحِشَةٍ مُّبَیِّنَةٍ ۚ وَ

اٰتَیْتُمُوْهُنَّ	اِلَّاۤ	اَنْ	یَّاْتِیْنَ	بِفَاحِشَةٍ	مُّبَیِّنَةٍ	وَ
تم نے دیا انہیں	مگر	یہ کہ	وہ ارتکاب کریں	بے حیائی کا	کھلی، صریح	اور

اس میں سے کچھ لے لو سوائے اس صورت کے کہ وہ کھلی بے حیائی کا ارتکاب کریں اور

عَاشِرُوْهُنَّ بِالْمَعْرُوْفِ ۚ فَاِنْ كَرِهْتُمُوْهُنَّ

عَاشِرُوْهُنَّ	بِالْمَعْرُوْفِ	فَاِنْ	كَرِهْتُمُوْهُنَّ
گزر بسر کرو، برتاؤ کرو ان سے	بھلائی کے ساتھ (اچھے طریقے سے)	پھر اگر	تم ناپسند کرو انہیں

ان کے ساتھ اچھے طریقے سے گزر بسر کرو پھر اگر تمہیں وہ ناپسند ہوں

فَعَسٰۤى اَنْ تَكْرَهُوْا شَیْـًٔا وَّ یَجْعَلَ اللّٰهُ فِیْهِ

فَعَسٰۤى	اَنْ	تَكْرَهُوْا	شَیْـًٔا	وَّ	یَجْعَلَ	اللّٰهُ	فِیْهِ
تو قریب ہے	کہ	تم ناپسند کرو	کسی چیز (کو)	اور	بنادے، رکھ دے	اللہ	اس میں

تو ہو سکتا ہے کہ کوئی چیز تمہیں ناپسند ہو اور اللہ اس میں

خَیْرًا كَثِیْرًا ﴿۱۹﴾ وَ اِنْ اَرَدْتُّمُ اسْتِبْدَالَ زَوْجٍ مَّكَانَ زَوْجٍ ۙ

خَیْرًا	كَثِیْرًا ﴿۱۹﴾	وَ	اِنْ	اَرَدْتُّمُ	اسْتِبْدَالَ زَوْجٍ	مَّكَانَ زَوْجٍ
بھلائی	کثیر، بہت	اور	اگر	تم ارادہ کرو	ایک بیوی تبدیل کرنے (کا)	(دوسری) بیوی کی جگہ

بہت بھلائی رکھ دے ○ اور اگر تم ایک بیوی کے بدلے دوسری بیوی بدلنا چاہو

عنوان: گھروں کو امن کا گہوارا بنانے کیلئے ایک بہت عمدہ طریقہ — عورت سے اس کا مہر واپس نہ لینے کا حکم

(1)..... اسلام سے پہلے اہل عرب کا یہ دستور تھا کہ لوگ مال کی طرح اپنے رشتہ داروں کی بیویوں کے بھی وارث بن جاتے تھے پھر اگر چاہتے تو مہر کے بغیر انہیں اپنی زوجیت میں رکھتے یا کسی اور کے ساتھ شادی کر دیتے اور ان کا مہر خود لے لیتے یا انہیں آگے شادی نہ کرنے دیتے بلکہ اپنے پاس ہی رکھتے تاکہ انہیں جو مال وراثت میں ملا ہے وہ اِن لوگوں کو دے دیں اور تب یہ ان کی جان چھوڑیں یا عورتوں کو اس لئے روک رکھتے کہ یہ مر جائیں گی تو یہ روکنے والے لوگ ان کے وارث بن جائیں۔ الغرض وہ عورتیں ان کے ہاتھ میں بالکل مجبور ہوتیں اور اپنے اختیار سے کچھ بھی نہ کر سکتی تھیں اس رسم کو مٹانے کے لئے یہ آیت نازل فرمائی گئی۔

وَّاٰتَیۡتُمۡ اِحۡدٰىهُنَّ قِنۡطَارًا فَلَا تَاۡخُذُوۡا مِنۡهُ شَیۡـًٔا ؕ

وَّ	اٰتَیۡتُمۡ	اِحۡدٰىهُنَّ	قِنۡطَارًا [1]	فَلَا تَاۡخُذُوۡا	مِنۡهُ	شَیۡـًٔا
اور	تم نے دے دیا	ان میں سے ایک (کو)	کثیر مال	تو نہ لو	اس سے	کچھ

اور تم اسے ڈھیروں مال دے چکے ہو تو اس میں سے کچھ واپس نہ لو۔

اَتَاۡخُذُوۡنَهٗ بُهۡتَانًا وَّاِثۡمًا مُّبِیۡنًا ﴿۲۰﴾ وَكَیۡفَ

اَتَاۡخُذُوۡنَهٗ	بُهۡتَانًا	وَّ	اِثۡمًا مُّبِیۡنًا ﴿۲۰﴾	وَ	كَیۡفَ
کیا تم لوگے اسے	بہتان	اور	کھلے گناہ (سے)	اور	کیسے

کیا تم کوئی جھوٹ باندھ کر اور کھلے گناہ کے مرتکب ہو کر وہ لوگے ○ اور تم

تَاۡخُذُوۡنَهٗ وَقَدۡ اَفۡضٰى بَعۡضُكُمۡ اِلٰى بَعۡضٍ وَّ

تَاۡخُذُوۡنَهٗ	وَ	قَدۡ	اَفۡضٰى	بَعۡضُكُمۡ	اِلٰى	بَعۡضٍ	وَّ
تم لوگے اسے	اور (حالانکہ)	تحقیق، بیشک	پہنچ چکا	تمہارا بعض	تک	بعض	اور

وہ (مال) کیسے واپس لے سکتے ہو حالانکہ تم (تنہائی میں) ایک دوسرے سے مل چکے ہو اور

اَخَذۡنَ مِنۡكُمۡ مِّیۡثَاقًا غَلِیۡظًا ﴿۲۱﴾ وَلَا تَنۡكِحُوۡا مَا نَكَحَ

اَخَذۡنَ	مِنۡكُمۡ	مِّیۡثَاقًا	غَلِیۡظًا ﴿۲۱﴾	وَ	لَا تَنۡكِحُوۡا [2]	مَا	نَكَحَ
لے چکی ہیں (وہ بیویاں)	تم سے	عہد	مضبوط	اور	نہ نکاح کرو	جن سے	نکاح کیا

وہ تم سے مضبوط عہد (بھی) لے چکی ہیں ○ اور اپنے باپ دادا کی

اٰبَآؤُكُمۡ مِّنَ النِّسَآءِ اِلَّا مَا قَدۡ سَلَفَ ؕ

اٰبَآؤُكُمۡ	مِّنَ	النِّسَآءِ	اِلَّا	مَا	قَدۡ	سَلَفَ
تمہارے باپ دادا (نے)	سے	عورتوں	مگر	وہ جو	تحقیق، بیشک	پہلے ہو چکا (معاف ہے)

منکوحہ سے نکاح نہ کرو البتہ جو پہلے ہو چکا (وہ معاف ہے۔)

عنوان: مرد عورتوں سے مہر واپس نہیں لے سکتے — باپ دادا کی منکوحہ سے نکاح حرام ہے

1 ...... اس آیت میں ڈھیروں مال دینے کا تذکرہ ہے اس سے ثابت ہوتا ہے کہ زیادہ مہر مقرر کرنا جائز ہے اگرچہ بہتر کم مہر ہے یا اتنا مہر کہ جس کی ادائیگی آسان ہو۔

2 ...... زمانہ جاہلیت میں رواج تھا کہ باپ کے انتقال کے بعد بیٹا اپنی سگی ماں کو چھوڑ کر باپ کی دوسری بیوی سے شادی کر لیتا تھا، اس آیت میں ایسا کرنے سے منع کیا گیا۔

اِنَّهٗ كَانَ فَاحِشَةً وَّمَقْتًا ؕ وَسَآءَ سَبِيْلًا ؑ ﴿۲۲﴾

اِنَّهٗ	كَانَ	فَاحِشَةً	وَّ	مَقْتًا	وَ	سَآءَ	سَبِيْلًا ﴿۲۲﴾
بیشک وہ (فعل)	ہے	بے حیائی	اور	غضب (کا سبب)	اور	بہت برا ہے	راستہ

بیشک یہ بے حیائی اور غضب کا سبب ہے، اور یہ بہت برا راستہ ہے ○

حُرِّمَتْ عَلَيْكُمْ اُمَّهٰتُكُمْ وَبَنٰتُكُمْ وَاَخَوٰتُكُمْ وَ

حُرِّمَتْ	عَلَيْكُمْ	اُمَّهٰتُكُمْ	وَ	بَنٰتُكُمْ	وَ	اَخَوٰتُكُمْ	وَ
حرام کی گئیں	تمہارے اوپر	تمہاری مائیں	اور	تمہاری بیٹیاں	اور	تمہاری بہنیں	اور

تم پر حرام کر دی گئیں تمہاری مائیں اور تمہاری بیٹیاں اور تمہاری بہنیں اور

عَمّٰتُكُمْ وَخٰلٰتُكُمْ وَبَنٰتُ الْاَخِ وَبَنٰتُ الْاُخْتِ وَ

عَمّٰتُكُمْ	وَ	خٰلٰتُكُمْ	وَ	بَنٰتُ الْاَخِ	وَ	بَنٰتُ الْاُخْتِ	وَ
تمہاری پھوپھیاں	اور	تمہاری خالائیں	اور	بھائی کی بیٹیاں	اور	بہن کی بیٹیاں	اور

تمہاری پھوپھیاں اور تمہاری خالائیں اور تمہاری بھتیجیاں اور تمہاری بھانجیاں اور

اُمَّهٰتُكُمُ الّٰتِيْۤ اَرْضَعْنَكُمْ وَاَخَوٰتُكُمْ مِّنَ الرَّضَاعَةِ

اُمَّهٰتُكُمُ	الّٰتِيْۤ	اَرْضَعْنَكُمْ (1)	وَ	اَخَوٰتُكُمْ	مِّنَ	الرَّضَاعَةِ
تمہاری (وہ) مائیں	جنہوں نے	دودھ پلایا تمہیں	اور	تمہاری بہنیں	سے	دودھ پینے کے رشتے

تمہاری وہ مائیں جنہوں نے تمہیں دودھ پلایا اور دودھ (کے رشتے) سے تمہاری بہنیں

وَاُمَّهٰتُ نِسَآئِكُمْ وَرَبَآئِبُكُمُ الّٰتِيْ فِيْ حُجُوْرِكُمْ

وَ	اُمَّهٰتُ نِسَآئِكُمْ	وَ	رَبَآئِبُكُمُ	الّٰتِيْ	فِيْ حُجُوْرِكُمْ
اور	تمہاری بیویوں کی مائیں	اور	تمہاری بیویوں کی بیٹیاں	جو	تمہاری گودوں میں (پرورش پاتی ہیں)

اور تمہاری بیویوں کی مائیں اور تمہاری بیویوں کی وہ بیٹیاں جو تمہاری گود میں ہیں

عنوان ماؤں، بیٹیوں اور بہنوں وغیرہ سے نکاح کرنا حرام ہے

(1) ...... رضاعی رشتے دودھ کے رشتوں کو کہتے ہیں۔ رضاعی ماؤں اور رضاعی بہن بھائیوں سے بھی نکاح حرام ہے بلکہ رضاعی بھتیجے، بھانجے، خالہ، ماموں وغیرہ سب سے نکاح حرام ہے۔

مِّنْ نِّسَآئِكُمُ الّٰتِيْ دَخَلْتُمْ بِهِنَّ ۡ فَاِنْ

مِّنْ	نِّسَآئِكُمْ	الّٰتِيْ	دَخَلْتُمْ	بِهِنَّ	فَاِنْ
سے	تمہاری (ان) بیویوں	جو	تم نے صحبت کرلی	ان کے ساتھ	پھر اگر

(جو اُن بیویوں سے ہوں) جن سے تم ہم بستری کرچکے ہو پھر اگر

لَّمْ تَكُوْنُوْا دَخَلْتُمْ بِهِنَّ فَلَا جُنَاحَ

لَّمْ تَكُوْنُوْا دَخَلْتُمْ	بِهِنَّ	فَلَا جُنَاحَ
تم نے صحبت نہ کی ہو	ان کے ساتھ	تو نہیں گناہ (ان بیٹیوں سے نکاح کرنے میں)

تم نے ان (بیویوں) سے ہم بستری نہ کی ہو تو ان کی بیٹیوں سے نکاح کرنے میں

عَلَيْكُمْ ۡ وَحَلَآئِلُ اَبْنَآئِكُمُ الَّذِيْنَ مِنْ اَصْلَابِكُمْ ۙ

عَلَيْكُمْ	وَ	حَلَآئِلُ اَبْنَآئِكُمْ (1)	الَّذِيْنَ	مِنْ	اَصْلَابِكُمْ
تمہارے اوپر	اور	تمہارے (ان) بیٹوں کی بیویاں	جو	سے	تمہاری پشتوں

تم پر کوئی حرج نہیں اور تمہارے حقیقی بیٹوں کی بیویاں

وَاَنْ تَجْمَعُوْا بَيْنَ الْاُخْتَيْنِ اِلَّا مَا قَدْ

وَ	اَنْ	تَجْمَعُوْا	بَيْنَ الْاُخْتَيْنِ	اِلَّا	مَا	قَدْ
اور	یہ کہ	تم جمع کرو	دو بہنوں کے درمیان	مگر	وہ جو	بیشک

اور دو بہنوں کو اکٹھا کرنا (حرام ہے۔) البتہ جو

سَلَفَ ؕ اِنَّ اللّٰهَ كَانَ غَفُوْرًا رَّحِيْمًا ۙ ﴿٢٣﴾

سَلَفَ	اِنَّ	اللّٰهَ	كَانَ	غَفُوْرًا	رَّحِيْمًا ﴿٢٣﴾
پہلے ہوچکا	بیشک	اللہ	ہے	بخشنے والا	رحم فرمانے والا

پہلے گزر گیا۔ بیشک اللہ بخشنے والا مہربان ہے ○

(1) اس سے معلوم ہوا کہ منہ بولے بیٹوں کی عورتوں کے ساتھ نکاح جائز ہے اور رضاعی بیٹے کی بیوی بھی حرام ہے کیونکہ وہ نسبی بیٹے کے حکم میں ہے اور پوتے پرپوتے بھی بیٹوں میں داخل ہیں۔

www.ingramcontent.com/pod-product-compliance
Lightning Source LLC
LaVergne TN
LVHW070906051026
849558LV00046B/591
9789696315490